尽 善 尽 美 弗 求 弗 迪

培训运营全景图

全景图

企业培训
体系建设与运营
解决方案

孙科柳　黄丹　曹灿◎著

电子工业出版社
Publishing House of Electronics Industry
北京·BEIJING

内 容 简 介

企业培训作为现代人力资源管理的重要方面，是企业保持和提升竞争力的一项有效措施。本书通过企业培训组织规划与建设、基于战略的培训体系构建、培训需求与计划管理、人才标准与发展规划、赋能项目与课程开发、培训项目组织与实施、培训效果评估与转化、师资体系建设与管理、企业培训组织数字化转型、平台运营与持续发展 10 个章节，详细介绍了培训体系建设与培训运营方面的操作方法及配套应用工具，为读者了解培训的相关理论和实践智慧提供全方位视角。

本书适合企业管理人员、人力资源部门人员、培训部门人员和企业培训组织管理人员阅读、应用，也适合培训师、管理咨询人员和培训机构等阅读参考。

图书在版编目（CIP）数据

培训运营全景图：企业培训体系建设与运营解决方案 / 孙科柳，黄丹，曹灿著. —北京：电子工业出版社，2023.1
ISBN 978-7-121-44486-9

Ⅰ.①培… Ⅱ.①孙… ②黄… ③曹… Ⅲ.①企业管理－职工培训－研究 Ⅳ.① F272.92

中国版本图书馆 CIP 数据核字（2022）第 208362 号

责任编辑：黄益聪
印　　刷：三河市鑫金马印装有限公司
装　　订：三河市鑫金马印装有限公司
出版发行：电子工业出版社
　　　　　北京市海淀区万寿路 173 信箱　　邮编：100036
开　　本：720×1000　1/16　印张：17.25　字数：282 千字
版　　次：2023 年 1 月第 1 版
印　　次：2023 年 1 月第 1 次印刷
定　　价：79.00 元

凡所购买电子工业出版社图书有缺损问题，请向购买书店调换。若书店售缺，请与本社发行部联系，联系及邮购电话：（010）88254888，88258888。
质量投诉请发邮件至 zlts@phei.com.cn，盗版侵权举报请发邮件至 dbqq@phei.com.cn。
本书咨询联系方式：（010）57565890，meidipub@phei.com.cn。

学习是企业提高整体能力的源泉，一个可持续发展的企业离不开高效学习。只有不断地学习和创新，企业才能生存下来，具备竞争优势，实现可持续发展。因此，在当今社会，学习被赋予了越来越重要的角色，它不仅是个人实现自我价值的途径，也是组织进行管理变革、创造市场价值的重要方式。

学习力是推动企业向前发展的重要力量，而企业培训组织是学习力培养落地的保障。近年来，国内不少企业都创办了企业培训组织，为企业的人才培养工作做出了重大贡献。

随着经济和科技飞速发展，工作环境发生巨大变化，企业间的竞争也愈演愈烈。人才作为企业重要的核心竞争力，日益成为企业制胜的战略资源。尤其是在知识经济时代，以创新为引领的企业更加需要培养面向未来的人才。这对企业培训组织的职能和使命提出了更高的要求。企业培训组织的工作任务包括：根据企业发展情况制定科学的培训方针，引导企业的发展；在培训中寻找员工对企业文化的认同点，激发员工的学习热情，塑造企业文化的价值；使组织不断适应宏观环境，驱动组织整体业务绩效的提升，打造持续性竞争优势……

一些著名企业培训组织的实践成果对众多企业的培训体系建设有很好的学习和借鉴意义。由于中国企业培训组织开设的时间尚短，在经验和理论研究方面仍有待提升。基于这样的出发点，笔者希望通过自己多年的培训管理工作经验，系统地梳理和总结相关理论方法和实践案例，呈现给广大培训管理者以及企业培训组织管理者，以帮助大家继续提升自己的能力。本书对如何以业务为导向构建培训体系的逻辑和方法进行系统梳理，同时参考国内外许多企业和学者的实践经验，也结合笔者的培训与咨询管理工作经验，系统地梳理和总结相关理论方法和实践案例，对培训管理工作进行深入浅出的解读。相信本书所总结的这些理论和方法对培训管理者做好企业培训组织管理工作会有所帮助。

本书在创作过程中，得到了人才发展咨询组成员的大力帮助。在此特别感谢唐芳老师、段伟老师，她们不但参与了公司的人才发展咨询项目，也为本书的内容创作提供了全程帮助。我们在创作过程中，对相关资料进行了细致的研究，并征求过很多同行的意见。参与本书写作的各位伙伴，也都是有过多年培训管理工作经验的人，并且一直坚持在这一领域探索，对培训工作和人才培养等方面有深刻的见解。同时，我们的创作团队还与众多的大学教授、咨询顾问、管理专家进行了深入的交流，以更全面地阐述培训管理工作的逻辑和本质。

市场变幻莫测，培训管理工作也需要不断进步，我们的咨询团队会继续对培训管理工作开展进一步研究，不断更新知识内容，满足读者的需求。我们的归纳和总结，也有可能不尽正确，希望读者朋友们审慎参考，落实到具体的企业经营管理中，还得具体问题具体分析。如果本书能够为谋求企业实现持续成功的经营者和管理者提供一些积极的思考和帮助，那将使我甚感欣慰。

最后，还需要感谢我的团队在课题研发中的思想碰撞和辛苦付出。当然，笔者也深知自己水平有限，本书的论述难免有不足之处，还希望读者朋友们提出宝贵的意见和建议。

孙科柳

第1章

企业培训组织规划与建设

第2章

基于战略的培训体系构建

第 3 章

培训需求与计划管理

第4章

人才标准与发展规划

第 5 章

赋能项目与课程开发

第 6 章

培训项目组织与实施

第 7 章

培训效果评估与转化

第8章

师资体系建设与管理

第 9 章

企业培训组织数字化转型

第 10 章

平台运营与持续发展

第 1 章
企业培训组织规划与建设

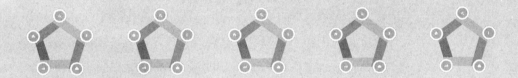

　　面对日益变化的市场环境，无数企业领袖和管理者愈加清晰地意识到，企业发展的关键很大程度上在于人才竞争力。因此，越来越多的企业开始重视人才培养，并试图依托企业培训组织完善人才培养体系。其中，战略规划和管理建设是组建企业培训组织的关键步骤。

1.1　面向价值的组织学习

组织不是为了学习而学习，学习的最终目的在于促进组织绩效的提高。只有在适当的管理方式下开展组织学习，并将所学知识转化为工作行动，才能实现企业和员工的双赢。

1.1.1　组织学习的不同发展阶段

组织学习是组织为了实现发展目标、提高核心竞争力而围绕信息和知识技能所采取的各种行动，是组织不断努力改变或提升自身以适应持续变化的环境的过程。组织学习必须具备三个条件：①能不断地获取知识，在组织内传递知识并不断地创造出新的知识；②能不断增强组织自身能力；③能促进组织行为或绩效的改善。

由此看来，组织学习是一个持续的过程，即组织借助不同的途径和方式获取知识、传递知识、创造新知识，从而不断提升组织能力，以改善组织绩效。

【管理研究】组织学习的意义

美国学者阿吉里斯（C. Argyris）和舍恩（D. Schon）两人于 1978 年出版《组织学习：行动理论之观点》一书，其中指出："组织学习是为了促进长期效能提升和生存发展，而在适应环境变化的实践过程之中，对其根本信念、态度行为、结构安排所做的各种调整，这些调整借由正式和非正式的人际互动来实现。"

一般来说，组织学习包括三个阶段：培训型组织学习、自发型组织学习、教导型组织学习[1]。

---

[1] 周锋. 组织学习的三个阶段 [J]. 经济论坛，2002（16）：36-42.

1. 培训型组织学习

培训型组织学习是指企业邀请外部专家将体系化的专业知识、工作技能等传授给员工而开展的集中式的学习活动。这是组织学习发展的初级阶段，也是比较传统的、较早被运用的一种组织学习方法。

惠普公司的培训体系有着悠久的历史，因给员工提供完善的培训而闻名。很早以前，惠普公司人力资源部门的培训人员就为员工精心设计了内容丰富的培训课程。刚开始效果不错，但随着市场环境的变化，公司领导层认为这些培训课程无法满足公司和员工发展的需要。于是，惠普公司开始从培训型组织学习转向了自发型组织学习。

2. 自发型组织学习

自发型组织学习是指员工除了接受企业统一组织的学习活动，还通过自主学习的方式，接受新的知识和技能，甚至是创造出新知识、新方法，从而实现自我能力的提升。

惠普公司通过审核原有的培训课程体系，删去了部分价值较低的课程，并在有些课程后附上了员工后续要自主学习的内容。公司还成立了 60 多个读书会，每个读书会可以自行购买书籍，但需要按时提交读书报告，并向其他人分享和推荐。另外，惠普公司还建立了电子系统，其中包括惠普新闻、工作 / 生活空间、组织结构、个人空间等模块。员工可以利用电子系统了解公司的新闻、产品动态等，同时还能进行自我学习管理。

3. 教导型组织学习

教导型组织学习是指企业内部的高层领导或业务专家担负起培养其他管理者或向业务员工传授专业知识的责任。这是组织学习成熟度的最高体现。

进入 21 世纪以后，惠普公司开始注重提升各级经理的领导力，包括：定期对经理级人员进行领导力调查；设立领导力培训中心，专门培养最有潜力的年轻经理。另外，还将专业知识及技能突出的业务专家任命为首席知识官，由他们向其他业务部门传授相关知识。

通过惠普公司培训体系的发展也可看出，企业需要随着外部环境、企业战略发展等变化不断提升组织学习能力。值得注意的是，组织学习的三个发展阶段并不是完全独立的，更多情况下，企业可能处于横跨多个阶段的状态。

1.1.2　组织学习面临的挑战

很多培训管理者尽心尽力地组织开展各类培训活动，遗憾的是，员工学习效率低下、学习转化率不高等情况并未得到改善。在组织学习过程中，企业主要面临的挑战包括四个方面。

（1）如何用培训促进企业战略落地。很多企业的培训内容都是以帮助员工达到岗位能力素质要求为主，很少或从未涉及企业战略领域。而企业的培训工作需要立足于未来，才能真正适应企业战略发展的需要。

用友培训中心负责人田俊国指出，自 2012 年以来，用友培训中心每年坚持围绕集团战略发展方向设计和开发培训课程。这样一来，培训工作就发挥了它真正的价值，为企业战略转型做出了重大贡献。

（2）如何开展直面业务的针对性培训。我们都知道，培训内容需要结合企业实际业务场景才能满足员工的需要。但是，外部购买的课程通常是标准化的课程，与企业实际问题相距较远。而组织内部又没有足够的能力开发出跟企业业务紧密相关的内训课程。如何实现对员工的针对性培训，而不是简单的通用性培训，从而使其能力、业绩得到显著提升，这是组织学习面临的又一关键问题。

2021 年，笔者团队为袁隆平农业高科技股份有限公司（以下简称"隆平高科"）提供了《组织经验萃取与课程开发》咨询项目。该项目以公司大区经理能力提升为目标，通过梳理大区经理岗位关键任务，解码大区经理岗位能力与经验要求，构建了大区经理岗位学习体系，在此基础上挖掘和沉淀优秀业务经验，并开发成系列课程。这样开发出来的课程，一方面可以实现组织经验的传承，另一方面其培训内容是专门针对员工在实际业务场景中所遇到的问题、困难和挑战，而提出的系统性的、可复制的、可执行的方案，更受员工的欢迎。

（3）如何摆脱传统的培训教学方式。传统的培训教学方式，大多是以培训者为中心的，或者更准确地说，是以培训内容为中心的。培训者主要围绕如何将培训内容传输给学员来展开各项工作，而学员能否完全理解培训内容，能否将学习的知识和技能应用到实际工作中去，这些都很少被考虑。因此，传统的培训教学方式很容易出现学员参与度不高、学习注意力无法集中或培训的内容无法有效落地等情况，导致培训工作无法为企业业务发展提供有效推动。因此，企业要创新培训教学方式，使员工可以真正学到知识，并将所学知识应用到实践中。在这个过程中，有以下几个方面需要注意，如表 1-1 所示。

表 1-1　创新培训教学方式的注意事项

序号	维度	具体内容
1	培训内容适中	过重的培训压力会导致学员无法完全接受，吸收太多的知识点和新内容会使学员没有时间进行练习和应用，在心理上也会造成一定的压力
2	培训形式丰富	培训应有明确的主题和重点，不能泛泛而谈。同时须注意培训方式，可以适当提供案例和故事，来增强培训效果，而不是简单的纸上谈兵
3	建立评价体系	应建立合适的评价体系，并在培训结束后实时追踪学员的培训效果

（4）如何让业务部门重视并主动参与培训。通常情况下，业务部门经理都能认识到培训或学习的重要性。但是他们却说："是的，培训很重要。但是你看，我非常忙，我只能将这个工作交给培训部门来做。这是他们的工作，不是我的。"实际上，人才培养才是业务领导者最重要的工作和责任之一。员工培训应该由业务部门和培训部门共同完成。两者就像跷跷板两端的玩家，任何一方缺位，整个培训工作就运转不起来。只有双方互相合作，共同努力，才能解决管理问题，从而在培训中取得成效。

在经济全球化的今天，组织学习成为企业生存发展的重要法门，那么企业如何才能对组织学习进行科学、有效的管理呢？一系列实践证明，企业培训组织成了影响企业战略发展的关键点。

1.1.3　以企业培训组织为引擎的组织学习

企业培训组织又称企业培训中心、企业人才发展研究院等，是企业为了实现战略目标而建立的知识运营组织。作为满足企业员工终身学习需要、培养企业内外部中高级管理人才、传播企业文化，甚至引领企业组织变革的核心机构，企业培训组织一般通过实战模拟、案例研讨、互动教学等方式提升企业员工整体素质。

1956 年，全球第一所企业培训组织——通用电气公司克劳顿学院正式成立。从 20 世纪 80 年代开始，企业培训组织进入了快速发展期，目前世界 500 强企业中，近 80% 的企业拥有或正在创建企业培训组织。相关研究指出，在美国的上市公司中，拥有企业培训组织的上市公司平均市盈率明显高于没有企业培训组织的上市公司。

给中国企业带来"企业培训组织"这一理念的也是数家外资公司。1993 年，摩托罗拉中国区培训中心成立；1997 年，西门子管理学院和爱立信中国学院先后成立；1998 年，海信集团组建了海信培训中心，成为我国最早成立的本土企业培训组织之一；同年春兰集团投资成立春兰学院，成为我国首家企业自办的高等学校；1999 年，海尔集团建立了培养中高级管理人才的海尔人单合一研究中心；2001 年，平安金融培训中心、惠普商学院先后成立；2005 年，华为正式注册成立华为员工培训中心[1]；2008 年，用友培训中心成立……从知名企业培训组织的发展历程来看，企业培训组织体现了较完善的人力资源培训体系，是学习型组织实现的有效手段。

1. 企业初创期——培训是福利

在企业初创期，培训是作为员工福利而存在的。在此阶段，企业内部的各种组织架构、规章制度和经营方针尚未健全，管理上人治色彩浓厚，多属经验

---

[1] 华为培训中心有两个，一个是位于松山湖的华为员工培训中心，针对员工培训；另一个是位于杭州的华为全球培训中心，面向客户培训。——编辑注

管理，很少设立专门的教育培训部门，或一般由人事部门兼管。而且此时企业的战略是先求生存，再谋发展，通常还没有足够多的资源用于培训。

因此，管理者通常认为此时的培训投入是成本，是给员工的福利。培训的基本原则是将有限的资源发挥最大效用，即在培训项目和内容选择上做到"贵精不贵多"，并且一定要达到快速学习、立竿见影的目的。

2. 企业快速增长期——用培训提升个体能力

随着组织形态走向正规化，规章制度不断建立和健全，企业也开始注意自身的形象，企业文化逐渐形成。此时，企业已经具备专门设立培训部门的能力，可以开展系统的、有组织的专业培训。

此时的培训部门是培训体系的组织者、培训计划的实施者、培训结果的简单评估者，主要工作在于组建起企业的培训体系，能够按照员工需求组织培训。但由于经验的欠缺及资源的不足，企业还不能建立起强大的内训体系，而是需要大量使用外部资源进行培训。

3. 企业发展成熟至卓越——企业培训组织是企业发展的引擎

随着企业发展进入成熟期，对企业人才培养的要求自然也就更高了，培训部门所担负的责任越来越重，此时企业会选择成立专门的培训规划与运营组织——企业培训组织，由其对企业的组织学习进行管理，承担战略落地、文化转型、塑造企业形象、知识管理等责任。如果把一个企业比作一辆汽车的话，那么企业培训组织就是这辆汽车的灌能引擎，它将各种形式的能量转化为"机械能"，驱动企业不断前进和发展。

克劳顿学院成立之初，只承担了企业培训的职能。随着企业培训组织在推动企业发展中的作用越来越明显，20 世纪 80 年代之后，克劳顿学院逐渐成为通用电气公司推动企业变革的核心。惠普商学院则是为了帮助供应链上的合作伙伴以及客户"活"得更久一点而成立的，用自己成熟的管理理念和经验帮助企业提升基于供应链的竞争优势。

由此可见，企业培训组织是企业组织发展中的一种全新组织形态，是企业通过管理组织学习，提升组织能力，支撑企业实现战略目标的战略性工具。企业培训组织在企业中的地位及作用也并不是一成不变的，随着战略的变化，企业培训组织在企业中扮演的角色会发生变化，发挥的作用也越来越重要。

1.2　理解企业培训组织的内涵

企业培训组织通过为每个岗位提供契合企业发展战略的学习活动，挖掘并扩散企业隐性知识，形成共同的愿景、基因和行为方式，将个体能力整合为组织体系能力，为组织培养学习能力，将企业打造成真正的学习型组织。

1.2.1　企业培训组织的核心本质

说到企业培训组织，很多企业将它等同于企业的"培训中心"。但事实上，从知名企业培训组织的发展历程来看，企业培训组织不仅仅是培训部门的升级。

【管理研究】企业培训组织的本质特点

中国培训发展研究中心指出，企业培训组织区别于传统的培训中心，最核心的本质在于它拥有以下三个特点：

（1）战略性。企业培训组织成立的使命在于紧密关联企业的学习与战略。通过设计多样化的学习形式，让员工了解、理解、参与、体验，并最终达成共识，改变行为。这样一来，可以大大降低战略举措推行的阻力和实施难度。

（2）绩效导向性。企业培训组织并非关注员工个体能力的提升，更多的是从业务绩效问题出发设计相应的学习项目，根本目的在于提升组织能力，解决业务绩效问题。

（3）前瞻性。企业培训组织的工作重心不仅在于沉淀、提炼和传播企业已有的知识，更在于面对未知的市场环境变化，能够通过组织研讨、情境模拟等方式，帮助企业事先准备好应对的措施与所需能力。

企业培训部门隶属或并列于人力资源部门，主要针对内部员工开展培训工作，包括培训需求调研、培训课程开发、培训活动实施、培训效果评估、内外部培训师资管理等。对很多暂时没有能力或者没有必要建立企业培训组织的企业来说，培训部门代替企业培训组织开展了相关工作。那企业培训组织与培训部门的区别到底在哪呢？具体如表1-2所示。

表1-2　企业培训组织与培训部门的区别

维度	企业培训组织	培训部门
经营理念	从战略角度重新塑造企业培训体系，以投入一产出的市场经营理念衡量企业培训组织的运作	局限于企业后勤部门的支持作用，单纯将培训经费作为费用支出来衡量
组织形式	整体规划培训业务，形成企业需求与员工要求互动的培训体系，大大提高了企业员工的学习积极性	员工被动地接受企业的培训内容，整个培训体系缺乏系统设计与安排
学习方式	强调日常学习、持续学习和随时沟通等团队学习要素，引导组织成员养成良好的学习与工作习惯	以零散的面授形式为主要学习方式，学习内容难以与现实工作形成有效衔接

与培训部门一样，企业培训组织也承担着企业的培训工作，但不同的是，企业培训组织不仅仅为组织内部员工提供培训，它还可以进行独立经营和管理，为企业外部人员提供培训服务。

为了给内部员工提供更加系统、优质的培训课程，摩托罗拉公司决定成立企业培训组织——摩托罗拉大学。随着企业业务的发展，摩托罗拉公司把除核心产业外的基础业务都外包出去了。产品业务一旦外包出去，就意味着质量难以掌控。因此，为了保障产品的质量、维护摩托罗拉的品牌形象，公司决定改变摩托罗拉大学的战略定位，转变为向供应商、客户以及其他合作伙伴提供相关培训和咨询，充分发挥摩托罗拉在领导力、业绩改进等方面的优势，与产业链利益相关者共同成长与进步。

企业培训组织不仅承担着传统的培训管理工作，更要在企业战略与学习活动之间建立紧密的联系。因此，企业培训组织需要扮演三种角色：员工发展顾问、企业业务伙伴、企业变革推动者[1]。

[1] 毕结礼，宋晔. 变革中的中国企业培训组织：理论与实践 [M]. 北京：中国人民大学出版社，2016.

（1）员工发展顾问。企业培训组织需要结合员工职业生涯规划、组织发展要求来进行培训的开发与组织，即针对岗位能力素质要求，为员工设计系统化的学习方案，以实现个人能力的发展，从而推动个人和组织绩效的提升。

（2）企业业务伙伴。企业培训组织需要为组织业务发展做出明确的贡献，其中的方式之一就是企业培训组织负责人参与战略决策的制定，充分利用学习的力量，推动组织创新和业绩增长。

（3）企业变革推动者。作为企业发展的引擎，企业培训组织要能够跟随企业变革的步伐，随时调整、设计相应的学习项目，推动员工成为变革的认可者、参与者、推动者和受益者，从而促进企业成功实现转型与升级。

总的来说，企业培训组织的核心本质是为企业的经营发展服务，通过整合学习本身及相关行为，促进企业战略变革、组织能力发展、绩效改进的真正落实。

1.2.2　构建企业培训组织的意义

在知识经济时代，企业培训组织的作用愈发凸显，它通过文化传播、创造力培养、业务学习等相关培训活动，促进员工自身成长，从而带动企业核心竞争力的提升。企业培训组织正通过它的一系列业务活动，不断地为企业创造价值。

1. 助力企业打造学习型组织

越来越多的组织开始意识到过去的知识、战略、领导力和技术将无法保证明日的成功。显而易见的是，如果要在一个充斥着并购、技术飞跃、社会变革以及白热化竞争的环境中成功发展，就必须加强组织的学习能力。

彼得·德鲁克强调："知识生产力已经成为企业生产力、竞争力和经济成就的关键。知识已经成为首要产业，这种产业为经济提供必要的和重要的生产资源。"可以说，企业的任何一项进步都是通过学习实现的，如开发新产品、引进新技术、改造组织结构、推行新制度，这都需要企业更新原有知识，这不就是一次次的学习过程吗？因此，善于学习的企业更容易在激烈的市场竞争中生存下来。

对于员工而言，学习也是一种工作方式。越来越多的工作要求员工具备创造和处理知识的能力，员工只有从工作中不断学习，才能更好地胜任工作，适应这个日新月异的社会。

企业培训组织通过系统规划和设计学习体系，使学习成为一项业务，而不仅仅是一次活动；使得企业内部知识得到沉淀、整理、传播和创新，帮助员工更快、更好地学习，最终促进企业向学习型组织转变。

2. 帮助企业培养多样化的人才

人才毫无疑问已经成为企业的核心竞争力。进行人才管理，只引进人才是不够的，培养人才才是企业经营以及人力资源工作的重点。国内外的许多企业培训组织，如克劳顿学院、宝洁大学、海尔人单合一研究中心、华为员工培训中心、迪斯尼大学等，都是结合企业战略发展以及员工个人职业发展规划来规划各类培训学习活动，为企业培养了一大批优秀人才。

迪斯尼集团为了培训员工，创办了迪斯尼大学。它主要提供四大类课程：卓越领导课程——为提高团队绩效提供战略和方法；人员管理课程——教会管理者选择、培训、激励员工，以及与员工保持高效沟通；质量服务课程——学习如何将注意力放在细节上，创造世界一流的服务文化，且服务质量能够持续超过顾客的预期；企业创新课程——研究领导者如何统一组织的定位、结构系统和协作文化，并结合员工的全部潜力来创造一个稳定的思维流程，最终形成创新的产品、服务和系统。迪斯尼大学通过完善的制度体系培养企业所需的体验经济人才和创意人才，从而为企业的高速发展提供动力。

3. 提升企业品牌形象和影响力

企业只有发展到一定的规模和成熟度才有能力或有必要建立企业培训组织，所以成立企业培训组织本身就是实力的展现。而成熟、优秀的企业培训组织会将多年实践中积累的经验和成功管理方法进行总结和加工，汇集成企业的品牌课程，并由企业中高层管理者担任讲师，为内外部学员进行授课，在授课过程中推广自己的品牌和产品等，最大限度地提升战略伙伴、现有客户甚至潜在客户对企业品牌的认知度和忠诚度。

招商银行在发展之初，通过差异化消费者，细分出城市的中高收入者作为自己的目标群体，将自身定位为创新型银行、服务型银行、零售型银行。这样的品牌定位让招商银行更加关注目标，细分市场，集中公司资源高效地、有针对性地整合品牌传播。

为了更好地宣传招商银行品牌，招商银行培训中心主导开发了针对企业客户的宣讲课程，阐述招商银行企业文化建设与品牌建设一体两面的关系。课程生动讲述了招商银行战略转型与文化迭变的路径，让客户充分理解招商银行如何将品牌建设和企业文化建设融入管理制度、管理体系、管理流程之中，并持续赋能企业经营活动。窥一斑而知全豹，客户通过感知招商银行文化，建立起对招商银行的信赖。

企业培训组织作为创造、传播知识的智力机构，通过建立系统化的课程体系、内训讲师队伍，对经验、技能和知识等进行有效沉淀，使企业的知识得到发现、整理、共享和应用，从而为企业的业务发展提供动力。

1.2.3　建设企业培训组织的实践挑战

尽管很多企业都建立了自己的"企业培训组织"，但这些并不是真正意义上的企业培训组织，还远远没有达到高阶培训组织的标准。企业只是迎合市场发展趋势建立了企业培训组织，在实际运营过程中却容易受到诸多因素的影响，导致企业培训组织遭遇生存危机。其原因如图 1-1 所示。

（1）企业所处的发展阶段不适合建立企业大学

在企业处于初创期时，业务发展尚不稳定、管理制度体系尚不完善，企业无法为企业大学的运营和发展提供强有力的支持

（2）企业大学的费用来源不稳定

很多企业大学还不具备自主盈利能力，需要靠企业提供管理费用，一旦企业效益不好，就会降低对企业大学的投入，影响企业大学的运营

（3）企业高层缺乏对企业大学的支持和耐心

高层领导的变动、理念的转变或企业其他方面的变革，都会影响企业大学整体的运营和管理

（4）企业大学运营管理者的素质跟不上

若企业大学的运营管理者是从其他部门调过来或由外部机构兼任的，未受过系统的管理和运营培训，也不了解企业实际情况，就会严重制约培训组织的发展

图 1-1　导致企业培训组织生存危机的原因

摩托罗拉大学作为内外综合型企业培训组织的典范，创造了六西格玛管理方法，备受其他企业的推崇。然而，摩托罗拉大学中国区却在运营近二十年后于 2012 年宣布解散，事实上，它曾经还获得过亚太人力资源协会颁发的杰出企业培训组织奖。

　　究其原因，一方面，是由于摩托罗拉企业的没落。摩托罗拉大获成功后，没有抓住新的市场机遇开发出革命性的经典产品，从而不断地被对手超越，最终陷入了生存危机，逐渐消失在智能手机的市场上。随着企业的没落，摩托罗拉大学也每况愈下。另一方面，摩托罗拉大学中国区由于接班人培养不力，继任计划失败，只能频繁地更换管理者，导致企业培训组织的经营状况越来越差。

　　曾经盛极一时的摩托罗拉大学都没能度过危机，国内很多企业在建立企业培训组织时更需要审慎考虑，如果时机不当或缺乏有效的运营管理机制，都会难以发挥企业培训组织的真正作用，甚至影响企业的发展。面对这些可能存在的生存挑战，企业培训组织负责人需要重视起来。

1.3　企业培训组织的战略定位

　　随着企业培训组织建设热情的日益高涨，很多企业都在试图建设企业培训组织，但是这些培训组织的运营质量却参差不齐，很少有企业真正能实现"从赋能自己到赋能行业"的目标。事实上，要想做到这一点，首先就要明确企业培训组织的战略定位。

1.3.1　描绘企业培训组织的愿景与使命

　　全球知名学习专家马克·艾伦曾这样说过，企业培训组织是一种战略性的工具，它的职责是通过活动培养个体或组织的学习能力、知识水平和智慧，进而辅助组织完成自身使命。作为一种战略性的工具，企业培训组织在规划成立时，就要先基于企业战略来确定企业培训组织的愿景与使命。

阿里巴巴的愿景是"到2036年，服务20亿名消费者，创造1亿个就业机会，帮助1000万家中小企业盈利"；使命是"让天下没有难做的生意"。那么，培训团队能为此做些什么呢？

过去，淘宝生态赋能团队提出了"学电子商务，上淘宝教育"的宣传语，这也意味着电商培训是淘宝生态赋能团队的主要标签。随着电商行业的不断发展，企业越来越成熟，这种表达已经不适合当下了。

最近几年，淘宝生态赋能团队提出"赋能创造商业价值"。在培训时，对内部培训员工强调"工作目标是帮助商家降本增效"；对外部培训员工强调"从商业需求出发，解决业务难题"。

对于确定企业培训组织的愿景与使命，支付宝生态赋能团队负责人安秋明指出，"最有效的方式是抓住一切沟通的机会，与企业董事长或总经理交流、探讨企业培训团队应该发挥的作用，而且要多问几次，每次可以用不同的话术去问。当他们的回答趋同时，培训团队的目标也就清晰了。"

彼得·德鲁克曾经说过，"企业只有一项真正的资源——人，管理就是充分开发人力资源以做好工作。"企业培训组织必须践行以人为本的服务宗旨，以尊重人、培养人、成就人为最高理念来指导企业培训组织工作的开展，做到尊重知识、尊重人才、尊重劳动、尊重创造，才能充分激发人的潜能，更好地为企业发展贡献力量，从而真正发挥出企业培训组织存在的最大价值。

海尔人单合一研究中心成立之初，海尔创始人张瑞敏就提出要把海尔人单合一研究中心打造成海尔员工思想锻造的熔炉和能力培训基地，使之成为中国企业界的"哈佛大学"。在这种理念的指导下，"创新、求是、创新"成为海尔人单合一研究中心的校训。来到海尔人单合一研究中心的每位学员，都秉持着创新思维，带着现有创新成果，通过与他人的交流和共同学习学习形成新成果，再将这些成果带入工作实践中，进行更高水平的创新，从而形成不断循环、螺旋上升的发展态势。

海尔人单合一研究中心堪称国内企业培训组织中的典范。清晰的定位不仅能够助力企业战略目标的落地，更是运营好企业培训组织的关键所在。在确定企业培训组织的战略定位时，我们可以从企业规模、行业地位、企业性质这三个维度来考虑，具体如表 1-3 所示。

表 1-3　企业培训组织战略定位的影响因素

序号	维度	具体内容
1	企业规模	企业规模越大，企业培训组织生存发展空间越大。根据企业实际情况选择企业培训组织的服务对象是内部员工，还是以内部为主，外部为辅
2	行业地位	企业在产业链的地位以及在行业中的地位，决定着企业培训组织的发展空间。如果企业行业地位高，则可为外部企业提供培训服务，并获得良好发展机会
3	企业特质	不同的企业性质对企业培训组织有着不同的偏好。因此，企业要根据文化等特质来建设和运营企业培训组织

海信培训中心办学之初，海信集团正由一个传统制造业企业向现代企业集团转变，需要大量管理人才，但尚不具备师资体系和课程体系。于是，海信集团通过与一些高等院校开展合作，为人才培养提供了一条路径。但随着海信业务的不断发展，人才需求仍然很大。为此，海信集团决定大力筹建海信培训中心，并任命海信集团董事长周厚健亲自担任培训中心的负责人。

当时正值海信集团全面实施国际化战略和智能化战略之际，海信培训中心的战略定位也随之提高。为此，海信培训中心曾多次派相关人员到国内外知名企业考察，学习他们建设与运营企业培训组织的经验，从而完善海信培训中心的运营和发展方案。

通过不断地摸索和变革，海信培训中心逐渐摸索出符合自身发展特色的战略定位：成为集团董事会领导下的知识密集型、非营利性的独立培训机构，作为全集团的培训和研究平台，整合集团内部培训资源，指导和管理各公司的培训工作，协调全集团的研究工作，推动企业经营管理水平的提高。

企业是"实践性"很强的组织，培训组织是"研究性"很强的组织。企业培训组织具备"企业"和"教育"的双重属性，其价值需要通过"研究"和"实践"互相融合促进得以实现——通过研究来更好地指导实践，通过实践来更好地进行研究，两者相辅相成，共同推动企业培训组织的进步。

1.3.2　明确企业培训组织规模与服务对象

一般来说，我们可以从发展规模、服务对象等方面来确定企业培训组织的定位。

1. 发展规模

根据企业培训组织不同的发展规模，我们可以将其划分为专业性企业培训组织和综合性企业培训组织。专业性企业培训组织主要聚焦某类专业人才或某项专业能力来进行培训活动的设计与开展；综合性企业培训组织的目标则是全方位提升各类人才的能力。

碧桂园集团认为营销人员是企业急需的人才，且企业自身条件还不足以构建综合性企业培训组织。因此，2013 年，碧桂园集团成立了碧桂园营销培训中心，主要服务公司近万名营销人员。不论从组织架构还是输出成果上来看，碧桂园营销培训中心都是聚焦于营销领域的。

面对日益变化的互联网竞争环境，腾讯认为如何加强知识技术分享和造就适应公司发展的经营管理型、产品策划型、技术专业型以及复合型人才，已经成为影响公司竞争优势的关键所在。因此，2007 年，腾讯正式成立腾讯学堂。腾讯学堂将公司人才发展培训工作分成三个类别：一是针对公司新员工的培训；二是针对所有员工专业化和职业通道相关的培训；三是针对腾讯管理层领导力的培训。由此可见，腾讯学堂将自身定位为综合性企业培训组织。

2. 服务对象

根据企业培训组织的服务对象，可以将其分为内向型企业培训组织和外向型企业培训组织，具体如图 1-2 所示。

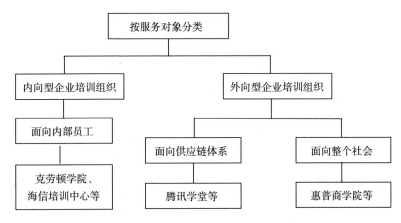

图 1-2　企业培训组织按服务对象分类

内向型企业培训组织主要服务企业内部员工，向其提供通用类课程或业务类专业课程，不对外开放。内向型企业培训组织的代表有：玛氏大学、克劳顿学院、海信培训中心等。

2004 年，玛氏公司正处于由家族式管理向职业经理人管理的过渡阶段。为了培养更多的职业经理人，玛氏公司决定成立玛氏大学，并明确玛氏大学的定位是"服务于玛氏公司内部所有员工的学习与成长"。玛氏大学成立后，它不仅帮助企业更好地传递了核心价值观，更帮助企业培养了一大批优秀的人才。

外向型企业培训组织指的是那些不仅为企业内部员工提供培训服务，也为外部供应商、合作伙伴、社会群体等提供培训服务的企业培训组织。

一般来说，外向型企业培训组织包括两大类。一类是面向供应链体系的企业培训组织，旨在向供应链合作伙伴渗透经营理念，从而规范运营方式，降低交易成本，拓展企业的资源整合能力，如腾讯学堂。

腾讯公司作为互联网巨头，其企业培训组织有两条培训线。一方面，通过建立自己的培训体系引导员工学习，培养企业内部人才。另一方面，则是对业务发展伙伴的服务。为了能让更多的开发者将应用放在腾讯的 SNS 平台上，腾讯学堂通过一些培训课程，或者在线学习的方式，让开发者了解如何和腾讯公司做生意，怎么能做得成功，有哪些好的方法经验，并有选择地把内部课程开放给合作伙伴，帮助他们更好地提升能力，认同腾讯的企业文化。

另一类是面向整个社会，主要目的是提升企业形象或实现经济效益，如惠普商学院。

惠普商学院面向整个社会提供个人职业技能培养，它的宗旨是通过分享惠普公司多年的成功管理经验，帮助惠普公司在中国的重要客户及合作伙伴培育企业的管理优势，提高人才竞争力，使其更快地成长。

随着企业战略的发展和自身优势的建立，优秀的企业培训组织不只为企业培养人才，而且在企业整体战略中扮演多重角色，具有多项功能。

1.3.3 确定企业培训组织的关键任务

按照职能不同，企业培训组织的关键任务包括人才培养、文化及品牌宣传、知识管理。

1. 人才培养

在华为公司成立之初，华为培训中心就被定位为公司的人才中心，它以提升员工能力，促进员工成长为重点。其创始人任正非更是强调，培训中心要成为"将军"的摇篮。也就是说，华为培训中心培养的人才要能够支撑华为公司未来的发展，满足公司的人才需求，最终赢得战略性胜利。

任正非以解放战争胜利前夕设立的华北大学（中国人民大学前身）为例，形容培训中心的任务。而在新的市场竞争形势面前，华为的管理需要走向职业化、国际化和制度化，对未来的战略发展方向需要清晰化、科学化，也需要两万各级管理层实现转型，其中一部分还要成长为"将军"。

因此，华为培训中心就应该为华为培养大量后备人才和管理干部，支撑华为公司战略的落地，支撑业务的发展。

因此，华为建立了不同岗位的胜任模型，设计了不同层级员工发展路径图，并据此设置员工培训项目、课程体系及师资体系。

2. 文化及品牌宣传

当企业发展到一定阶段，企业培训组织可以承担一些文化传播和品牌输出的功能。例如，华为培训中心的关键任务之一就是宣传企业文化、价值观和行为准则。

任正非强调："无论华为培训中心做什么样的培训，文化是一个平面的、基础的东西，文化是应该普及所有人的。我认为美国有一种文化，欧洲也有一种文化，统一了，人们才会有一种能力产生。文化是一个基础，能力是在上面长起来的东西，这两点互相不矛盾的。文化要具有开放性，华为就是因为开放，才冲到世界最前面来了。"

3. 知识管理

有的企业培训组织的定位是成为整个企业知识积累和经验分享的核心机构，例如，平安培训中心的核心定位之一就是做平安的知识库。

2001 年，平安培训中心成立了博士后工作站，这是中国保险业第一家企业博士后工作站。工作站通过与中国社会科学院、南开大学等国内一流研究机构合作，邀请知名经济学家来担任指导专家，建立了国内一流的学术研究阵地。

华为培训中心专门成立了案例开发和设计部，用来管理公司的知识资产。华为轮值 CEO 徐直军曾经说过："华为最大的浪费就是经验的浪费。"在此指引下，华为员工培训中心通过案例开发的模式，把内部大量的经验进行萃取和沉淀，从而助力了华为公司业务的发展。

总之，企业在规划企业培训组织时，需要多角度地考虑清楚其战略定位。另外，值得注意的是，企业培训组织的战略定位不是一成不变的，它需要根据企业战略变化进行调整，不断呈现出企业培训组织的价值。

1.4 企业培训组织的管理

在企业培训组织成立之前，很多相关业务是由人力资源部门完成的。即使是在企业培训组织成立后，很多业务的开展有时候也需要与人力资源部门，甚至是相关业务部门的工作进行衔接，特别是在人才培养方面。因此，企业培训组织需要明确其在整个组织中的定位，包括汇报关系、管理层级、责任分工等。

1.4.1 选择合适的组织架构

从众多实践经验来看，企业培训组织在组织中的汇报关系包括两种类型，即独立型与从属型。

1. 独立型

独立型是指企业培训组织与人力资源部门是两个独立并行的机构，并且是平级的。企业培训组织负责人与人力资源部门的负责人不存在从属关系，他们共同向更高一级的管理者汇报。这样的企业培训组织在管理上具有很高的独立性，而且能够更加直接地提供业务支持，促进战略落地的效果也会更加明显。目前，大多数建立综合性企业培训组织的企业采用的都是独立型的组织定位，包括华为、海尔、海信、通用电气、爱立信、中兴通讯、招商银行、万达集团等。

海信培训中心的负责人由集团董事长兼任，中心工作直接向董事会汇报。这种组织定位使得海信培训中心能够专注未来的人才需求来开展工作。海信培训中心的管理体制如图 1-3 所示。

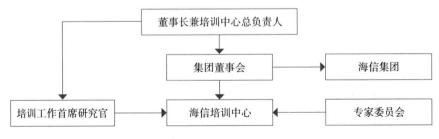

图 1-3 海信培训中心的管理体制

2. 从属型

从属型是指企业培训组织向人力资源部门或其他职能部门汇报，其主要特点是企业培训组织从属于人力资源部门 / 其他职能部门，企业培训组织的负责人通常也是由相关部门的负责人或人力资源部门专门负责培训的管理者担任。例如，前面提到的碧桂园营销培训中心，它是直接对营销中心负责人汇报的。

从长期发展来看，企业培训组织脱离企业人力资源管理体系并实现自主运营是一种趋势，也是企业培训组织自身成长的必然选择，未来企业培训组织与人力资源部门的关系将更多是业务上的合作。

至于企业培训组织的内部组织机构设置，它主要与企业发展不同阶段的需求有关系。一般来说，有四种机构设置的方式，具体如表 1-4 所示。

表 1-4　企业培训组织内部组织机构的设置方式

序号	方式	具体内容
1	按项目分类	针对新员工项目、领导力提升项目等分别设置项目主管，由他们独立开展项目运作
2	按业务分类	设置研发、生产、销售、管理等针对不同业务类别的专业培训服务部门
3	按职能分类	根据职能的不同，如课程开发、教务管理、企业文化管理等设置相关部门
4	综合设置	在职能部门基础上，设置专项发展中心，如领导力学院、营销学院、技术学院等

通用汽车大学除了在美国设立了领导力学院、工程学院、沟通学院、金融学院及服务与市场学院，还在全球范围内成立了 16 个与其主要的业务功能契合的学院。在中国，通用汽车和上海交通大学合作成立了通用—上海交通大学科技学院，致力于共同研究、开发和技术培训等领域。

淘宝 / 支付宝生态赋能团队是基于业务类型而构建的平台化组织体系，如图 1-4 所示。

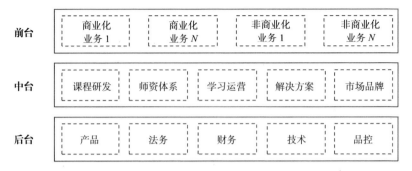

图 1-4　淘宝 / 支付宝生态赋能团队前中后台架构[1]

企业在设置组织结构时，要体现出灵活、开放和自由等特征，打破部门界限，从而促进信息充分自由流动。当任务、需求和人员发生变化时，组织结构也随之发生变化，能有效地应对外界的变化，以保持组织的持续成长。企业培训组织也是一样，它的组织架构并不是千篇一律、一成不变的，需要随着企业战略变革和业务发展而不断调整和优化。

当然，对于企业来说，无论采用哪一种组织结构模式，都必须结合自身的实际情况和业务需求，以更好地发挥企业培训组织业务发展和培养人才的作用。

1.4.2　明确责任与细化分工

在内部管理上，华为员工培训中心的定位为轻装子公司。对于其建设，任正非说："华为员工培训中心要简化管理，独立核算。不仅要简化公司对于华为员工培训中心的管理，培训中心的内部管理也要简化，可以逐步试验去矩阵化的管理，要保证快速决策。"华为员工培训中心内部组织架构如图 1-5 所示。

---

[1] 安秋明. 赋能三板斧：让天下没有难做的培训 [M]. 北京：电子工业出版社，2021.

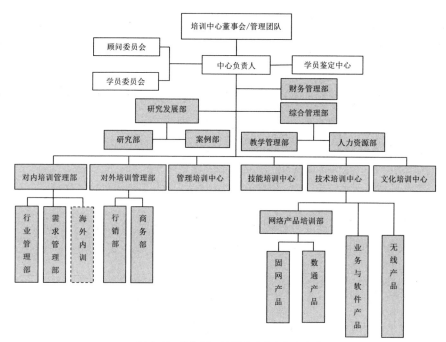

图 1-5　华为员工培训中心内部组织架构

在华为员工培训中心内部组织架构内，综合管理部和财务管理部是职能部门，综合管理部下辖教学管理部和人力资源部门。教学管理部负责对华为员工培训中心的培训课程质量进行管理，而人力资源部门则对华为员工培训中心的师资队伍进行管理。研究发展部下辖研究部和案例部，案例部负责课程开发和设计，如将典型案例设计为案例式课程。此外，研究部负责研究华为公司的组织结构变革，以及其他的管理变革，如从 2016 年年底开始"日落法"，必要时可以向顾问委员会寻求支持。

到目前，华为员工培训中心共设有四大培训中心，分别是管理培训中心、技能培训中心、技术培训中心以及文化培训中心。这四个培训中心的职责就是赋能管理，根据各业务部门的需求，开设必要的课程，并组织学员上课和考核。但各培训中心并不参与选择学员，这些由学员所在的部门管理。

对内培训管理部和对外培训管理部类似于市场部门，但对内培训管理部的"客户"是内部的相关业务部门或职能部门，他们需要与其他业务部门进行衔接，调查和收集业务部门的培训需求，了解相关行业或产品线的发展状况，并将反馈意见传达至课程开发部门。而对外培训管理部负责衔接外部，包括客户、供应商、合作商，以及其他有培训需求的企业客户。

由此可以看出，华为员工培训中心在管理上具有相当大的灵活性。任正非提出："华为员工培训中心要依靠正确的机制，成为公司所必需的组织，并且滚动前进，从而走向顶尖。"在处理华为员工培训中心与人力资源部门的关系方面，华为采用的是交叉型管理模式。

华为员工培训中心负责人同时也是华为公司人力资源委员会的成员，并参与公司人力资源战略制定，而华为人力资源部门部长同时兼任华为员工培训中心第二负责人。

华为员工培训中心内训管理部门的主管参与人力资源部门例会，接受培训中心和人力资源部门的双重考核；培训中心提出对业务体系部门负责人的年度培训绩效考核指标；业务部门对培训中心的服务满意度纳入培训中心领导年度绩效考核指标。这样就形成了交叉管理模式。

到目前为止，国内的企业培训组织中，使用这种交叉管理模式的只有华为员工培训中心。这可以说是华为在建设企业培训组织上全新的探索，也体现出华为作为世界级企业对于自身管理的自信。

1.4.3　设计完善的管理制度

制度是要求企业上下共同遵守的行为规范或准则。从某种程度上来说，它是为组织实现某一特定功能和特定目标而设立的一系列规范体系。

从本质上说，企业培训组织建立管理制度的本质就是建立一种规则。如果在一个组织中，人们没有规则意识，那么可能会出现工作秩序混乱、工作效率低下等一系列问题。但是，如果人们头脑中建立起了一种规则意识，那么这种规则会融入他们的骨子里，从而自然而然地表现出组织期望的行为来。

由于管理文化和决策者指导思想不同，企业培训组织内部管理制度存在一定的差异性，但是概括下来基本包括以下四类：

（1）后勤管理制度。如《资产管理制度》《安全管理制度》等，目的是让学员和老师拥有一个良好的学习、工作环境，体现企业培训组织的人本管理思想。

（2）日常运营管理制度。包括行政管理、监督评估等制度，如《经营管理制度》《办公室使用管理办法》等，目的是降低运营风险和管理成本，提升企业培训组织综合效能。

（3）教学管理建设制度。包括教务管理制度、师资管理制度、考务管理制度，如《培训班教学计划表》《内部讲师授课评价标准》《课程考核办法》等，目的是确保教学的规范性和专业化水平的不断提升。

（4）学员管理制度。如《学员管理规定》《学员考核与激励制度》等，目的是不断激发员工持续学习的动力。

招商银行培训中心围绕人才培养、培训组织管理、培训服务与运维三个方面出台了一系列配套管理制度与措施。在人才培养方面，制定招商银行"131"人才工程业务专家培养工作指导、员工培训工作实施细则、岗位资格管理办法、新员工入行培训指引等；在培训组织管理方面，制定教学培训管理规程、兼职教师管理办法、培训评估管理办法等；在培训服务与运维方面，制定培训经费核算与管理办法、远程视频会议管理办法、培训环境管理办法等。

制度的最终效力在于人的认同，因此，在设计管理制度时，我们需要把握好以下三个原则：

第一，制度应从根本需求出发。制度应从组织的根本性需求出发，对影响企业培训组织运营的问题（如业务设计、责任分工等），都必须通过制度形式加以明确规范。这些制度既要对人有高度的约束和规范，又要对人呈现出充分的信任和尊重。

第二，制度应实现利益平衡与制约。制度作为公正的体现，主要体现为形式公正和内容公正，使制度约束下的参与者的利益得到平衡。每个参与者往往有一定的心理承受限度，而决定这种承受限度的是制度形式和内容的公正性。同时，制度制约下的每一个成员也是监督者，如果制度的内容是不公正的，这个制度自然也无法得到人们的认可。

第三，制度的执行要严格平等。制度执行的最好效果就是以无歧视为基本原则，并在此原则下产生一种普遍认同的心理。为此，企业培训组织管理制度的执行，需要组织高层领导的积极参与和强有力的支持推动，在确保制度在不同层面上得到有效落实的同时，定期对制度落实情况进行督导和检查。

阳光大学堂在成立之后，首先就是狠抓共同学习制度，即让阳光大学堂的小伙伴在一起学习新的培训内容和新出版的作品。阳光大学堂前负责人蒋跃瑛指出："最快的学习方式是大量阅读和大胆实践。集中学习让阳光大学堂的小伙伴们收获颇丰。"另外就是周报制度，一是每个周末前，各部门需要提交周报，主要内容是下周的工作计划；二是如实记录一些培训项目和活动，并定期发送给阳光大学堂理事会成员、专家委员会成员，以及各专业条线的培训管理者等相关人员。

稳定良好的制度设计也是形成团队文化的基础。作为培训管理者，我们经常会要求别人做些什么，但如果我们先在管理中认真做到，这些行为实践会成为企业培训组织的最好代言。

1.5 做好资源投入与管理

资源的管理和高效应用对建设和运营企业培训组织来说非常重要。一般来说，企业培训组织的资源投入主要包括硬件设施、软件资源和领导层支持三大部分。

1.5.1 规划物理环境和硬件设施

众所周知，物理环境也会影响学习的质量，嘈杂、拥挤和沉闷的环境会降低学员的学习兴趣。因此，一个好的企业培训组织必须具备良好的物理环境和硬件设施，包括物理选址、学习环境、教学设备等。如果企业培训组织还兼顾着对外培训、接待外部客户的重任，那么良好的物理环境和硬件设施也是展示优秀企业形象的重要窗口。

经过多年的探索与发展，华为于 2005 年在深圳正式注册成立华为员工培训中心，旨在为华为员工、供应商、客户以及合作伙伴等提供多种培训与咨询服务。华为员工培训中心坐落在深圳，总占地面积 27.5 万平方米，分为教学区和生活住宿区，教学区占地面积 15.5 万平方米，拥有 300 多名专职讲师，2700 多名兼职讲师。建筑面积超过 9 万平方米，绿化覆盖率超过 85%；拥有 9000 多平方米的机房、100 多间教室、500 多个办公座位，能同时容纳 2000 多名客户和员工进行培训。

惠而浦公司为了兑现对员工进行高品质培训的承诺，建设了为员工提供系统化教育的培训中心——企业发展中心。其占地面积约 5203 平方米，拥有配置了音视频系统、分组会议室和带有计算机控制的大屏幕环形剧场。除了这些硬件，"企业发展中心"在地理位置上毗邻惠而浦公司总部行政中心，这样就为高层管理者来这里上课提供了便利，使得更多的员工能听到领导层的课程，大大激发了员工参与学习的热情。

赛诺菲—安万特是一家全球领先的医药健康企业，该企业的培训中心占地面积约 2787 平方米，其中包括能容纳 200 人的演讲厅、22 间教室、能容纳 48 人的电子测评中心、32 个沙盘模拟房间、5 间会议室等。在沙盘模拟房间中，摄像系统会随时记录学员的学习情况，为后期的反馈提供了真实的素材。

随着时代的发展，许多组织还将计算机、多媒体、互动视频和远程教育等技术整合到现有的学习设施中，使组织学习效能最大化。

"福特之星"是福特公司的互动式学习网络，在它的每一间"培训教室"内都安装有电视、卫星接收装置和互动键盘，学员随时可以和培训讲师互动。学员互动计算机还能够监控每个学员的学习情况，收集学员提问和考试结果。福特公司还为培训讲师提供了多种设备，便于他们全面掌控多媒体资源，包括屏幕书写笔、聚焦讲师的摄像机、用于展示培训道具的摄像机等。

不管是在空间布局，还是在物理选址上，国内外优秀企业培训组织都为组织成员的学习活动创建了良好的物理环境。它不仅有利于学员之间的知识共享，还体现出组织对学习的重视和承诺。

1.5.2　系统搭建软件资源

企业培训组织的软件资源主要是指培训所需资源，包括标准体系、课程资源、讲师资源等方面。企业培训组织在构建软件资源体系时，应该全方位综合考虑，将组织管理、课程管理、师资管理等有机协调、统一起来，只有这样才能保证企业培训组织的高效运行。

惠普商学院设置了四大主要部门：教务部、讲师部、宣传部和销售市场部，四大部门分工合作，共同推动惠普商学院的发展。惠普商学院选择具有丰富业务及管理经验的中高层领导担任讲师，同时还建立了内部培训师筛选体系，如讲师认证机制，加强对讲师的日常管理，并建立了良好的讲师激励机制。在惠普商学院，研发新课程必须符合两个标准：一是切合市场热点，有市场需求；二是能够体现惠普公司的创新性，并在实践中已经取得突出成效。

好的培训课程是优秀企业培训组织的必备资源之一，当这项资源做到高价值、难以复制、不可替代时，企业培训组织才更容易真正贡献其存在的最大价值。在开发课程资源和培训项目时，企业培训组织必须以解决企业业务问题和提高员工能力为导向。

为满足各种学习需求，并结合招商银行的特点，招商银行培训中心对教材及课程开发的形式反复研究，确定了各类课程的开发标准。课程主要分为四大类：一、自学课程。课程内容以知识点为主，学员进行自学后需要参加考试。

二、面授课程。课程内容以专业知识和职业技能为主。三、在线课程。课程内容以业务类、操作类、制度类相关知识为主，主要用于在线教学、远程教学以及培训课前预习和课后复习等学习场景。四、混合式课程。内容以管理理论、技能、工具和方法为主，学习对象主要针对的是各级管理者。

经过多年的实践和摸索，国内不少企业培训组织逐渐形成了一套科学、完整、规范的内部运营体系，在内部讲师管理、课程研发等各个方面都独具匠心，推动了企业的业务发展。

1.5.3　获取领导层的支持与配合

在詹姆斯·麦肯锡个人看来，最理想的问题解决方式绝不是孤军奋战，而是充分利用各级资源，让别人弥补自己的局限。

在麦肯锡公司，资深的咨询顾问总会教导新人，要充分理解他人和自己的局限，不仅要理解你的团队、企业、客户，更要看到自己的弱点，正视这些弱点，并且充分地意识到，在现代企业中，只靠自己的力量是不可能走远的。

负责对麦肯锡英国公司咨询顾问进行培训的马克斯·兰兹伯格，他曾经对他的学生列举了一个他在纽约工作时的例子。一次，他所在的咨询团队承接了一个印度跨国公司的咨询项目，而在此之前，纽约团队中没有任何一个咨询顾问与印度企业合作过，因此，对于一些细节问题，他们很难确认。正当众人一筹莫展之际，一名助理咨询顾问忽然想到，公司的一个领导以前在印度工作过，是不是能够向对方寻求帮助。于是，他便将疑问列表用邮件发给了那位领导，几小时后便得到了对方的回复，帮助他们解决了遇到的疑难问题。

在工作中，遇到凭借个人能力难以解决的问题时，要能够向他人寻求帮助，从而获取解决问题的信息与资源。特别是企业领导层拥有更多的权限与资源，在工作中恰当地向上级寻求帮助，能够更快地解决问题。如果核心领导层意识到企业培训组织的战略意义，并出面组织协调和调动有限的资源，来支持这项工作，会对企业培训组织的运营和发展起着至关重要的作用。特别是在改变员工行为习惯、建立业绩文化、达成组织绩效目标等方面，领导者发挥着不可替代的作用。因此，企业培训组织的运营和发展必须要获取领导层的支持与配合。

企业所有的资源投入都必须对准战略方向，服务企业发展。企业培训组织作为企业战略落地的执行机构之一，也必须秉持这样的理念，在资源运用中，做到上承战略、下接绩效，将资源投入转化为企业的绩效产出。

第 2 章
基于战略的培训体系构建

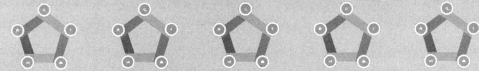

越来越多的企业开始重视培训体系的建设，然而大多收效甚微。究其原因，很多企业只将建设培训体系作为一项事务性工作来开展，没有结合企业的战略目标，导致企业培训无法发挥出其价值。基于企业战略来构建培训体系，可以为企业发展带来强大的动力。

2.1　理解战略与培训的关系

知识经济时代下，如何挖掘人才、建设好培训体系，是每个企业都必须重视的问题。在市场竞争如此激烈的情况下，只有以企业战略作为指导，通过培训学习、体系创新等，寻找人才培养的新方法，才能实现企业持续稳定发展。

2.1.1　企业战略与人力资源战略

1965年，美国著名战略学家伊戈尔·安索夫出版了《公司战略》这本著作，正式拉开了企业战略研究和发展的序幕。时至今日，企业战略对企业发展的重要意义已经成为广大经营者和管理者的共识。企业战略被提到了一个空前的高度，成为商学院和私人董事会中讨论热度最高的话题。

企业战略是指企业根据环境变化，依据自身资源和实力选择适合的经营领域和产品，形成自己的核心竞争力，并通过差异化在竞争中取胜。人力资源战略是在企业战略基础上形成的。也就是说，先有企业战略，再有人力资源战略。

华为在开展年度战略规划时，不只明确三年期和一年期战略目标，而且同时对其进行细化和分解，保障战略的有效落地。在战略计划层面，华为将公司层面的战略规划分解为各专业条线的子战略规划，包括市场子战略、客户子战略、技术子战略、投资子战略、供应链子战略、渠道子战略、品牌子战略、组织子战略、财务子战略等。有了各专业领域的子战略，做事需要人，自然就能推演出人力资源子战略。

按照不同的划分标准，人力资源战略可以分为不同的类型。

美国人力资源专家舒勒按照人力资源管理眼光的长短将人力资源战略分为"累积型""效用型"和"协助型"三种类型，其特征如表2-1所示。

表 2-1　不同人力资源战略类型及特征（舒勒）

特征	类别		
	累积型战略	效用型战略	协助型战略
视角	用长远的眼光看待人力资源管理	用短期眼光来看待人力资源管理	介于累积型和效用型战略之间
实施策略	注重人才的培训，通过甄选来获取合适的人才	较少提供培训，企业职位一有空缺随时填补	以员工自我提升为主，企业提供协助
雇用方式	以终身雇用为原则，以公平原则来对待员工	非终身雇用制	聘用自我动机强的员工
薪酬管理	以职务及年资为标准，高层与基层员工工资差距不大	采用以个人为基础单位的薪酬体系	—
晋升管理	员工晋升速度较慢	员工晋升速度较快	—

康奈尔大学的戴尔和霍德按照吸引员工策略的不同将人力资源战略划分为"诱引战略""投资战略"和"参与战略"，具体如表 2-2 所示。

表 2-2　人力资源战略类型及特征（戴尔和霍德）

特征	类别		
	诱引战略	投资战略	参与战略
适用企业	处于激烈竞争环境下，有快速增长需求的企业	实施差异化战略的企业	实施分权和扁平组织结构的企业
实施策略	不自己培养员工，通过丰厚的报酬去诱引员工	以自己培养的方式来获取高素质的员工	通过工作实践来培养员工
费用情况	人工成本较高，对员工投入的培训费用较低	对员工投入较高的培养费用	投入产出比较高
工作重点	严格控制员工人数，重点诱引高质量的员工，形成高素质的员工队伍	对员工的支持、培训和开发	为员工提供咨询和帮助，注重团队建设和授权
企业与员工的关系	以金钱关系为主	以雇佣关系为主，注重培养员工的归属感	互相尊重和平等的关系
员工稳定性	稳定性较低	稳定性较高	稳定性较高
管理方式	主要是泰勒式的科学管理方式	开放式管理	参与式与自助式管理

上述列举的不同类型的人力资源战略是一种概括性的表述，给企业制定人

力资源战略提供了参考和方向指引。不同类型的人力资源战略有不同的特征和适用场景。因此，我们要综合考虑企业战略、外部人力资源环境等因素的影响，根据企业实际情况，因地制宜地制定人力资源整体战略。

2.1.2　从企业发展看培训使命

我们经常会听到两种观点：一是培训并没有什么作用；二是培训能解决一切问题。事实上，拥有这两种观点的人都有点极端，因为他们没有正确认识到培训到底能解决哪些问题。

吉尔伯特行为工程模型指出，影响企业绩效的因素有很多，其中75%是由环境所决定和控制的，包括企业资源、流程、员工激励等；25%是由员工个体决定的，即员工态度动机、知识技能、天赋潜能。培训的最终目的还是提高组织绩效，由此看来，我们通过培训能解决的是员工的态度、知识、技能这三类问题。

很多小规模企业并未设置专门的培训岗位，只有当企业逐渐发展壮大时，才会配置相应岗位或开设相应机构，如企业培训中心或培训组织。究其原因，培训能否发挥作用取决于企业自身的发展水平。因此，企业在不同发展阶段对培训的要求是不一样的，如表2-3所示。

表2-3　企业在不同发展阶段对培训的要求

企业发展阶段	管理现状	培训要求
初创期	一切工作以生存为根本，以企业创始人的意志为主	并不需要很多培训，大多是师父带徒弟的模式
增长期	逐渐暴露出一些管理问题，企业开始建立规范化的流程制度	围绕业务完成开展各种培训活动，搭建和完善培训体系，注重人才梯队培养
成熟期	产品、技术、组织、人员都趋于稳定	强调全员学习，注重中高层干部培养
转型期	业务发展出现瓶颈，组织活力不够	助力企业实现战略转型
衰退期	市场份额下降，部门之间相互推卸责任，员工士气低落	大幅度减少培训

如果把企业比作一个"人"的话，那么培训则是企业的内脏系统，通过培

训不断进行新陈代谢，更新发展。在这个不进步就意味着退步、被淘汰的时代，从企业发展战略的角度看，培训将肩负起企业生死攸关的使命。

1. 通过培训，传播企业文化、增强企业凝聚力

企业文化是一个企业的灵魂，是推动企业前进发展的不竭动力，培训肩负着传播企业文化、增强企业凝聚力的使命。通过培训向员工传递企业价值观，并以此约束其行为，督促其学习，创造和谐、向上的工作氛围。同时，一致的价值观可以加深员工对企业的认同感，形成一致愿景，增强两者间的凝聚力。

华为作为国内企业的学习标杆，特别重视文化和价值观的传承。所有刚进入华为的新员工，都要接受一定时间的入职培训，第一周培训的主要内容就是华为的企业文化和核心价值观。在新员工培训期间，华为会组织他们观看一些与企业文化相关的电影，如电影《那山那人那狗》，讲述了一个山区邮递员的故事，影片所倡导的敬业精神，也正是华为追求的价值观。在新员工观看电影后，华为还要求他们写观后感等，这就是在传递企业文化。

2. 通过培训，增强企业竞争力

管理学专家吉姆·柯林斯曾这样描述培训员工的作用："任何卓越公司的成功飞跃，靠的不是市场、不是技术、不是竞争，也不是产品。有一件事比其他任何事都举足轻重，那就是培养和留住好员工。"

任正非创业时东拼西凑了 2.1 万元作为创业资本，现在华为已经成为年营业收入超 6000 亿元人民币的国际知名企业。就是因为华为从一创立就承认和重视知识资本的价值，吸引了一大批知识分子投身华为的事业，通过文化融合使得这些追求个性化的知识型员工能抱团打天下。

创业伊始，任正非就主动到华中理工大学、清华大学等高校邀请老师带学生去华为参访，并寻求技术合作，招揽人才，这就奠定了华为成长的人才基础。现在华为的高管团队中大部分人是 1989—1995 年改革开放后最早的一批名牌大学的硕士、博士。

知识和技术不断更新、提升，员工也需要不断进行培训才能够掌握知识、驾驭技术，实现技术与需求的匹配。通过培训，不但能提高员工的执行能力，还可以加强其对企业战略方向的领悟能力，做出与企业方向一致的判断，增强企业竞争力。

3.通过培训，提升员工工作积极性

瑞士信贷银行商学院院长齐格弗里德·亨利表示："富有才干的员工期望得到为他们职业发展量身定做的支持，瑞士信贷银行通过完善和整合全球流程和在线申请系统，让我们的管理者能够进入全球人才库，获得透明、一致的继任者计划。"

员工培训不光是一项人力资源上的投资，更是一种激励方式。当然这种激励方式不是立马见效的，需要让员工在奋斗的过程中看到他与自己的愿景越来越接近。

4.通过培训，建立学习型组织

建立学习型组织是企业的发展目标。企业通过管理创新，在变化万千的市场竞争中生存下来，建立学习型组织对其具有重要的战略意义。这要求企业不仅要开展各种形式的培训，更重要的是在培训中激发员工活力、帮员工养成自主学习的习惯。

莱芜钢铁集团是中国规模最大的粉末冶金生产基地，在进行企业内部培训时，它不局限于一般意义上的集体学习，还侧重对员工自身的完善、突出团队学习并讲究与实际工作的密切联系。于是在培训的基础上，慢慢形成了立体的学习网络，拓展员工学习途径，极大地提升了莱芜钢铁员工的学习与成长。

员工培训不仅要提升员工个人能力，更要在培训的过程中实现组织效益提升，这也是企业培训所肩负的使命。

2.1.3 不同战略类型的培训工作重点

培训体系服务于企业战略，培训工作重点也必须与企业战略相匹配。只

是，不同战略类型下的培训工作重点稍有差异。

1. 企业经营战略与培训工作重点

企业经营战略是根据企业在行业中所处的地位、基础态势来制定的总体战略，可分为括防御型战略、撤退型战略、进攻型战略三种类型。这些战略类型与培训工作重点如表 2-4 所示。

表 2-4　企业经营战略与培训工作重点

经营战略类型	防御型战略	撤退型战略	进攻型战略
经营特征	维持目前存在的市场	从市场逐步收缩或撤退，寻找新市场	持续地寻求新市场，是产品／市场的创新者
管理要求	维持内部稳定性，有标准化的运营管理流程与制度	重新调整企业组织结构，进行严密及全面的规划	组织结构的正式化程度高，能够快速配置资源，高度分权
培训工作重点	从长远发展角度，充分培养员工，激发员工最大潜能	短期眼光，强调员工知识、技能的自我发展	注重应变能力、创新能力及管理水平的培训

2. 企业竞争战略与培训工作重点

一般来说，企业竞争战略包括成本领先战略、差异化战略和专一化战略这三种类型。作为支持企业经营目标，并配合组织整体战略的需要，协助组织实施业务发展策略的培训体系，培训工作必须明确企业如何在特定的市场上进行整体的谋划，从而使企业获取和维持竞争优势。企业竞争战略与人力资源培训工作的重点如表 2-5 所示。

表 2-5　企业竞争战略与培训工作重点

竞争战略类型	成本领先战略	差异化战略	专一化战略
组织特征	严密的成本控制，产品设计与制造以便利为主	产品研究能力强，企业以高品质产品或优秀管理者著称	结合前两种战略制定相应的战略目标
人力资源战略	强调与工作有关的特定训练，用绩效评估体系作为控制机制	强调创新和弹性，以团队为基础的训练；用绩效评估机制作为发展的工具	结合成本领先与差异化战略的人力资源要求
培训工作重点	目标设置，时间管理，压力管理，人际沟通能力	企业文化，创造性思维和分析能力，管理者反馈和沟通能力	团队建设，交叉培训，在职培训

以战略为导向的培训工作的根本目标是满足企业发展对员工能力的需求，因此，培训规划要以企业发展战略和人力资源战略为基础，同时随着企业发展战略的转变而进行一定的调整，使之能够真正促进企业发展目标的实现。

2.2　链接企业战略与培训工作

"培训工作要上接战略、下接绩效！"这句话已经成为所有培训管理者的共识。培训部门要真正成为企业发展的重要支撑，就必须以企业战略为起点来规划培训工作。只有这样，才能真正让培训工作产生战略级价值。

2.2.1　领会企业战略目标和发展策略

企业战略是企业为了在未来的市场竞争中取得良好的经营业绩而制定的一系列谋划，它包括企业的目标、目标的实现路径和策略等。大部分培训管理者，缺少参与企业战略管理的机会，既不懂战略，又难以清晰地分析企业战略。培训管理者要学会理解企业战略，因为，一方面，理解企业战略管理的过程也是深入了解企业的过程；另一方面，从企业战略管理角度理解培训工作，能够更精准地定位培训，让培训工作真正成为企业发展中不可或缺的部分。

一般来说，企业战略管理包括三个阶段：战略规划、战略解码与战略执行。战略规划是指企业关键少数人对企业战略进行思考和探索的过程；战略解码是指层层拆解企业战略，并确定任务分工、资源分配等的过程；战略执行是指将企业战略与经营计划、绩效管理制度等进行结合，让企业战略真正落地。战略规划确定组织使命和主要目标，战略规划的好坏关系到企业的生存与发展；战略解码确保"上下同欲"；而战略执行是否得力则直接关系到企业战略最终能否产生效果。

1. 战略规划

"战略的第一要素是明白谁是你的客户，第二要素是明确你能为他们创造什么价值，第三要素是明白如何传递价值。"也就是说，企业进行战略规划需要完成市场洞察、竞争优势塑造、业务设计等工作。

没有前瞻的市场洞察，企业就没有真正的战略。做好市场洞察，才能从起点保证战略成功的可能。通过"五看"——看行业趋势、看市场和客户、看竞争、看自己、看机会，了解市场发展趋势与战略机会，确定企业战略与业务发展重点和方向，从而推导出合理的战略意图。

企业竞争优势塑造的关键在于通过匹配战略机会点来管理业务组合。企业需要对不同层面的业务类型进行组合管理，即确定未来的核心业务以及为追求规模和盈利，需要为未来发展培育哪些业务，并使其在一定的时间内成为主力业务等。通过设计未来业务组合，一方面可以满足现有产品的运营要求，另一方面为企业培育未来的新兴战略机会点。

企业在完成战略洞察，明确战略意图，获取塑造企业竞争优势的方法之后，就需要思考如何利用企业内部现有资源来进行一个好的业务设计。战略规划的落脚点是业务设计，即通过研究发现未来的市场机会，明确企业自身的定位和角色以及与产业链上其他企业的关系，找准企业的目标客户及其需求，确定价值获取方式，采取持续获取价值的战略控制手段，并对其中的风险进行识别和防范。

2. 战略解码

战略解码是指通过可视化的方式，将企业的战略转化为全体员工可理解、可执行的行为的过程。战略解码就是将企业的战略规划分解到产品线、销售线（行业或客户），再分解到企业各个部门的过程。换句话说，就是把企业的战略目标分解成不同目标，落实到各个单元，让各个单元去实现。通过战略解码，企业可以划分清楚各部门、各岗位职责边界，以此确定部门考核、员工个人考核的指标，促使企业绩效管理以战略目标为导向，助力企业战略的有效实施。

3. 战略执行

战略规划、战略解码只是前期工作，更重要的是战略执行，这是上下联动、战略落地的过程。为了保障战略执行的效果，企业需要构建保障机制：一是过程监控和奖惩机制，二是组织保障机制，三是人才激活机制。从这三个方面出发，确保企业能够正确地做事，朝着既定的方向健康前进，让每个人都成为推动企业发展的原动力。

在企业战略管理领域有很多方法和工具，但对于培训管理者来说，这些不是学习的重点，他们只需要了解企业战略管理的基本框架和逻辑。

2.2.2　以战略思维谋划培训工作

很多时候，企业高管并不能说清楚希望培训工作做到什么程度。对培训管理者而言，建立战略思维的好处在于，一是充分理解企业战略，能够与企业高管用相同的管理语言在同一层次上进行对话，据此洞察企业需求，找到培训工作的重点；二是有助于培训管理者做好职业发展规划等。

Google 为管理者提供与整体业务战略相一致的学习与领导力发展计划。利用员工对管理者的评价向管理者推荐课程，并考虑管理者在职业生涯不同阶段的学习成长需求，为其提供特定课程。

如何让培训与企业战略紧密挂钩，相信是很多培训管理者都在思考的问题。根据笔者多年来的经验总结，可按照三个步骤展开，具体如图 2-1 所示。

图 2-1　如何让培训与企业战略紧密挂钩

第一，理解业务战略。培训管理者应积极参与企业经营分析会、管理层述职会等业务会议，获取关于战略方向、业务策略等的第一手资料；与业务部门保持紧密沟通，了解完成具体业务的关键路径，从而找准培训工作的发力点。为此，培训管理者可以借助一些工具和方法，嵌入业务场景，以获得业务部门对培训工作的信任。

华润学创中心最近十年一直在公司内部持续推动行动学习，管理层、业务单位感受到了学习工具带来的益处，在相应业务场景中就会寻求培训的帮助。培训部门经常被邀请参加各种业务会议。

除此之外，愿景、使命和价值观也需要培训管理者定期去学习与更新，这些内容要贯彻到各个培训项目的环节中去，而不只是流于文字和口号。

第二，明确战略重点。理解业务战略后，培训管理者应该抓住战略中的重点，为下一步的培训规划做指导。

随着智能化时代的到来，互联网技术和新商业模式正在逐渐改变人类的生活与工作方式。新的时代不仅催生了新的产业，也给传统产业带来了危机。在2010年华为云计算研讨会上，华为第一次提出了"云、管、端"一体化战略，对公司整体战略进行重大调整，从单纯的 CT 产业向整个 ICT 产业扩展，打通网络管道，形成"云、管、端"三位一体化，并立志成为云计算时代的领跑者。那么显然，华为的培训管理者也要在 ICT 方面重点布局培训项目及产品。

第三，做好培训规划。明确战略重点后，培训管理者应针对重点做好合理的规划。

华为基于提出的"云、管、端"一体化战略，对组织结构进行了优化调整：由弱矩阵逐步走向以项目为中心的强矩阵。为了做好公司重大项目部的转型工作，多方位培养能打胜仗的"将军"，华为员工培训中心特别规划了"2周的总部集训营训练＋6个月的一线作战营训练"的重装旅训战。

前 2 周集训营的训练内容包括标准化技能训练、场景化实战演练。在这一阶段所有的训练内容都是每位学员进入集训营时携带的一线重点案例。接下来就进入一线"战场"的作战营，开始为期 6 个月的实战训练。这样的赋能方式使得华为拥有不少的"将军"，干部队伍也能不断壮大。

当前市场环境复杂，企业的战略随时都可能进行调整，培训管理者应该及时跟上企业的变化，聚焦企业战略谋划培训工作，让培训部门成为"企业战略的发动机"。

2.2.3 从战略中找到培训机会点

新西兰著名战略规划师布鲁斯·霍兰德曾说过："企业员工需要理解企业的使命、愿景和价值观以及战略，这样才能'高效、专注、灵活'地开展工作。"

具体来说，从企业战略中找到培训机会点有两种方式，一是企业价值链分析，二是绘制战略地图。

1. 从价值链分析中找到培训机会点

企业的宗旨是为客户创造价值，它通过一系列互不相同又相互关联的生产经营活动，为客户源源不断地提供产品与服务。价值链则是企业价值创造活动的集合体。

【管理研究】价值链的定义

1985年，哈佛大学商学院教授迈克尔·波特提出了价值链理论。他认为："每一家企业都是在设计、生产、销售、配送其产品和其他辅助工作的过程中进行种种活动的集合体。所有这些活动可以用一个价值链来表明。"

在迈克尔·波特的价值链理论中，企业价值创造活动被分为基本活动（价值创造活动）、支持性活动（支持价值创造活动）。其中，基本活动是指那些涉及产品实体的创造、分销、配送以及售后的支撑性与服务性活动；支持性活动则是指那些让基本活动得以顺利进行的活动。

那么，如何从企业价值链中发现培训机会呢？首先，在理解企业战略和业务流程的基础上，绘制企业价值链模型，如图2-2所示。其次，基于价值链，分析其中的难点、薄弱点，从而找出关键任务。然后，针对关键任务，逐一分

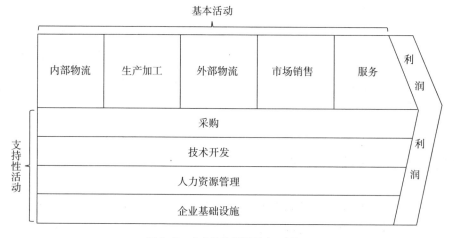

图2-2　企业价值链模型（示例）

析其背后所需的关键能力，即培训机会点。最后，分析这些能力对应的关键岗位，从而找出培训的核心对象。

2. 从战略地图中识别培训机会点

绘制战略地图是更高效地发现培训机会点的一种方式。战略地图被称为"企业战略执行的降落伞"，其核心是企业战略，然后将其用战略地图的形式呈现出来。战略地图包括财务、客户、内部流程、学习与成长四个维度，财务层面包括收入、利润、现金流、成本、费用等；客户层面包括市场份额、客户满意度等；内部流程层面包括流程能力、管理能力；学习与成长层面包括组织、人才等，具体如图 2-3 所示。

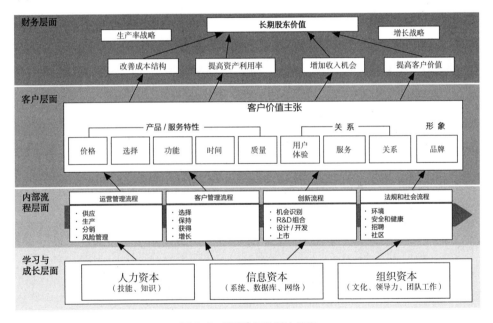

图 2-3 战略地图的基本结构

内部流程层面、学习与成长层面是我们分析培训机会点的两个核心层面。在内部流程层面，凡是直接支撑为客户创造价值的活动都是核心环节，这些核心环节所涉及的人群和所需要的能力就是我们应该重点关注的培训机会点。在学习与成长层面，人力资本、信息资本、组织资本本身就是培训的重点，培训管理者只需要根据战略要求，选择其中的侧重点，进而确定培训机会点。

2.3　培训体系的内涵与发展

培训是人力资源管理部为提高员工素质、提升企业业绩而进行的有目的、有计划、全面又有侧重的训练活动。而培训体系则是为了实现既定的培训目标，将培训要素融合起来形成的一种指导性文件。

2.3.1　为什么要建设培训体系

1997 年，麦肯锡公司在《人才战争研究》中首次提出"人才管理"的概念。在 21 世纪的今天，人才管理毫无疑问已经成为企业的核心竞争力。进行人才管理，光引进人才是不够的，培养人才才是企业经营以及人力资源工作的核心。像通用电气、宝洁、海尔、华为等国内外的大型企业，采用了一系列缜密的、有规划的流程去塑造和培养人才。

宝洁集团的前任董事长之一理查德·杜普利曾经说过："如果你把我们的资金、厂房及品牌留下，把我们的人带走，我们的公司就会垮掉；相反，如果你拿走我们的资金、厂房及品牌，而留下我们的人，十年内我们将重建一切。"一直以来，宝洁公司都将人才视为最宝贵的财富，连续、稳定地培养着各个岗位的人才。

作为世界 500 强之一的宝洁集团，在国际上被誉为"管理的大学""商业精英的摇篮"。宝洁公司所有总监以上的职位都是从内部提拔出来的，在员工进入公司后，管理者非常重视员工的发展——通过工作中直线经理一对一的指导，员工会得到迅速的成长。

据美国教育机构统计，企业每投入 1 美元用于培训，便可有 3 美元的产出。美国《财富》杂志指出："未来最成功的公司，将是那些基于学习型组织的公司。"在国内外优秀企业家眼中，员工培训是企业最有价值的可增值投资，通过培训不仅可以提升员工个人素质和技能，而且可以提高员工的工作能动性、创造性和企业归属感，进而增加企业产出和组织凝聚力，使企业持续受益。

现在很多企业都不吝惜在培训上投入，但是开展的很多培训项目都是应知应会的内容，培训效果很难达到预期。而华为公司把培训内容与专业技能、人才选拔、干部任用关联起来，让员工很乐意去主动学习。

华为的培训内容主要包含四大类。

一是职业技能类，通过自学方式进行培训，用任职资格标准来牵引，对岗位胜任能力提出明确要求。

二是产品知识、解决方案、流程类，通过"自学＋答疑＋学习论坛＋网上考试"相结合的方式进行培训。需要特别强调的是，职能部门也要学习相关知识，从而为业务部门提供更好的支持。

三是观念转变类，主要通过面授来进行培训，如课堂教学、研讨、答辩等。

四是补战略能力短板类，主要通过训战结合的方式，在培训中构建类似实战的场景，让学员研讨或练习在该场景下的问题处理方式，并通过即时反馈促进学员改变，最终学会"如何战"。

在人才发展方面，华为秉承着"员工要对自己的成长负责"的理念。只有学习的内容让大家觉得对个人发展和业务绩效的提升有用，员工才会有动力学习，并且学得更好，能力提升更快，为客户解决问题的能力也会越来越强。

目前来看，培训已经成为企业解决实际和潜在问题、提升竞争能力的核心工具之一，如遇到员工入职、员工绩效考评结果未达标、员工轮岗晋级、研究与开发技术落后、市场推广不利、顾客频繁投诉等问题，企业都可以用培训来解决这些问题。

但是，很多企业在培训方面存在一些错误认知和可能导致的问题：视培训为成本和负担，导致员工素质下降、观念陈旧；关键人才参加培训后离职，造成岗位真空……只有建立系统、规范化的培训体系，才能有效解决这些问题。

2.3.2　培训体系建设的收益与难点

培训工作已经成为企业进步的催化剂，是企业持续发展、永葆青春的原动力。具体来看，建设系统、规范的培训体系涉及多个层面和主体，其各自的收益如图 2-4 所示。

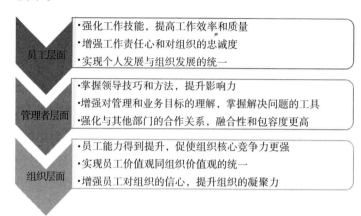

图 2-4　培训体系建设的收益

很多企业在培训体系建设的过程中面临很多困难，有些没有培训规划，造成资金与资源的浪费，难以达到企业预期的培训目标；有些即使有培训规划，但是没有与企业长远发展战略相结合，培训工作难以为企业发展服务。因此，为了解决这些问题，需要注意以下三点。

第一，保持培训与战略的衔接。要保持培训与企业业务战略和人才发展战略的衔接，培训课程设计就需要做好系统规划。但是，由于战略和市场环境的快速变化，企业需要对培训课程及时进行调整，否则容易出现不适应的情况。

第二，精准获取培训需求。真正为培训部门的产品与服务买单的客户包括企业、培训部门主管领导、各业务单元和职能部门的管理者、学员。很多时候，学员被视作培训部门最重要的客户，但是准确地说，他们是培训产品的最终使用者，而不是最重要的客户，前三类客户才是我们最需要重点关注的对象。因此，在做培训需求调研时，需要明确客户定位，围绕重点对象进行需求调查与分析，从而获取精准的培训需求。

第三，量化培训投入与产出。通常来说，很多培训工作不是课程上完之后就能看到其产出的，这需要一个漫长的过程。但是，企业领导最关注的是一年的培训投入了多少钱，为企业产生了多少价值。因此，培训管理者在规划培训工作时，一定要考虑培训项目的投入产出比。

为做好培训体系建设工作，培训管理者可以从组织、内容和方式三个维度进行考虑，如表 2-6 所示。

表 2-6　培训体系建设基本思路

维度	具体内容
组织	实行责任到人制，确立培训体系建设的第一负责人，由相关项目的主管担任，其他部门配合推进，人力资源部门在这个过程中担任指导和服务的角色，而不是全程包办
内容	将培训体系建设的重点放在岗位的任职资格、职业发展规划、培训课程设计、讲师队伍建设以及相关的管理制度上
方式	先建设有把握的部分，再以点带面。同时，人力资源部门可以通过开展项目交流、经验推广、学习分享、评比表彰等方式进行培训

　　培训是企业保持活力的源泉，可提升员工能力，增强企业竞争力。只有持续不断地开展培训，才能使企业在激烈的市场竞争中不败下阵来。

2.3.3　培训体系成熟度模型

　　培训体系的建设是一项长期的工作，不是一朝一夕就可以建成的。简单来说，从组织体系、课程体系、讲师体系、支持体系等评判角度，培训体系的发展大致可以分为五个阶段，如图 2-5 所示。

图 2-5　培训体系成熟度模型的五个阶段

1. 初始启蒙阶段

　　初始启蒙阶段，企业对培训并不看重。首先，企业内没有专业的培训人员，也没有明确的培训制度，更没有相关的设施支持。其次，培训的讲师主要由企业内部的管理层或者技术人员担任，大部分课程内容为传承技术经验，多为解决临时出现的问题而开设。这个阶段的企业以中小企业为主，没有鲜明的企业文化，一切都处于初始启蒙阶段。

2. 体系始建阶段

　　随着企业的发展壮大，各部门主管开始承担起管理员工的责任，明确培训部门的作用，并开始进行规范、有序的培训工作。在这个阶段，企业开始由专职人员建设企业课程，并选派相关人员进行公开课的外出学习。讲师体系方面，企业内部讲师队伍逐渐壮大起来，并遵循着培训行业中的"721"法则，建立辅导员体系、教练体系，进入学员在岗学习有管理、有评估的状态。另外，培训体系中相应的配套设施也建立起来了。

3. 专业分工阶段

进入专业分工阶段，企业对员工的岗位进行了细致的梳理，较为大型的企业建立了两级以上培训机构，此时的培训已经成为直线经理职责的一部分，培训工作的完成度被计入其绩效考核，不再全是培训部门的责任。而随着培训体系的日益完善，内部专业化分工开始进一步细化，此时的工作重点为系统地进行培训工作。企业内部出现大量讲师，基本上可以满足企业自身的需求。讲师之间的竞争变得激烈，讲师的专业素养也得到提升，讲师文化逐渐形成。完备的支持系统已经建成，建立"企业培训组织"的目标开始确立。

4. 战略变革阶段

进入战略变革阶段，企业的培训上升到知识管理阶段。培训部门转变为企业培训组织，肩负传播企业文化和培育优秀人才的责任。培训部门已经具备自主开发和设计课程的能力，开始关注"标杆学习"和"快捷学习"，而管理人员也开始从企业战略的高度开展培训。内部讲师的配置趋于合理，能力也取得大幅度提升，企业内部员工开始争先恐后当讲师。广东移动基于战略发展要求和"人才经营"的理念，为实现公司基层员工素质和能力的迅速提升，建立内部知识管理、专家授课和人才学习体系，开始打造"金讲台"内部讲师体系建设项目，并取得了极佳效果。

5. 实践优化阶段

企业人力资源培训进入实践优化阶段，根据企业需求的变化不断更新，形成良性循环。企业内部自主研发课程向精品靠拢，企业品牌和知识产权建立起来，并开始到外部企业进行经验分享。讲师体系庞大，大学教授、社会成功人士等纷纷加入。

培训体系成熟度的发展不是一个十分明确的过程，在这中间会经历模糊的过渡演变阶段。企业认清各阶段的目的不是要对号入座、照方抓药，而是要清楚前进的方向，把力气用在正确的地方。

2.4　企业培训管理体系的构成

要想建立行之有效的培训管理体系，首先要清楚培训管理体系是由哪些部分组成的，换言之也就是明白"要做哪些事"。培训管理体系由三部分组成：培训制度管理体系、培训资源管理体系、培训运营管理体系。

2.4.1　培训制度管理体系

为了有组织、合理高效地进行培训，开始培训前，需要对培训过程制定相应的规章制度，这就是培训制度。其体系大致包括七个方面，如图 2-6 所示。

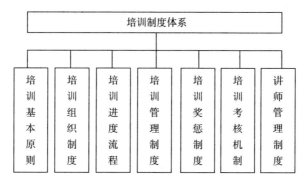

图 2-6　培训制度体系全貌图

1. 培训基本原则

培训的基本原则包括：第一，培训要有针对性，针对实际需求、实际人群开展；第二，培训要有计划性，培训开始前制订合理计划，并严格执行；第三，培训要有追踪性，需要将所学知识运用到实际工作。

2. 培训组织制度

由人力资源部门进行企业日常培训管理之外，需要在企业内部建立权责明确的培训组织体系以及讲师队伍，各职能部门均设立培训管理员，负责日常培训的辅助工作。同时，需要提高对培训的重视程度，将培训效果作为部门年度考核标准之一，对培训效果显著的部门予以奖励，对未达到标准的部门予以惩罚。

沃尔玛作为世界性的连锁企业，是百货行业中的佼佼者。在进行员工培训时，沃尔玛将培训效果纳入绩效考核和晋升制度中，使培训效果显著，企业员工整体素质得到大幅度提升。

3. 培训进度流程

建立有序、规范的培训进度流程，保证培训高效进行是十分有必要的。制定培训进度流程时，需要考虑以下几个方面，如图 2-7 所示。

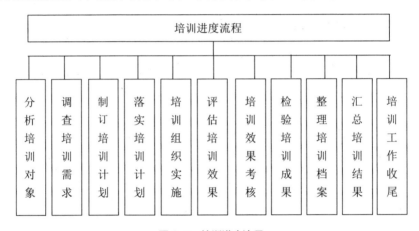

图 2-7　培训进度流程

4. 培训管理制度

企业培训的类型多样，分为岗前培训、在岗培训、转岗培训等，需要根据不同的培训内容制定相应的培训管理制度。

5. 培训奖惩制度

合理的培训奖惩制度是推动培训完美落地的得力助手，对培训过程中不遵守规章制度的员工进行惩罚；相反地，对表现突出的个人予以奖励。

6. 培训考核机制

为保证培训效果，培训结束后需要对所有参与培训的学员进行考核、追踪。要建立测试题库，通过测验、模拟练习等方式进行考核，考核过程注意公平公正，并将考核结果纳入绩效管理。

7. 讲师管理制度

在企业内部进行讲师选拔、培养，是建设学习型组织的必要手段。而培养内部讲师需要有一套严格的规范和标准，主要从工作能力、工作年限、学历水平等方面进行约束，对讲师的选拔和定级也需要严格把关。

2.4.2　培训资源管理体系

培训资源有狭义和广义之分，狭义的培训资源只包括学习内容和学习资料，而广义的培训资源则是一个完整的体系，是提供学习、支撑学习、改善学习等一系列动作的总称，可以分为五个方面，包括硬件资源、学习资源、学员资源、支持人员、政策资源。

1. 硬件资源

硬件资源主要指进行培训活动的空间环境、设备设施等，是培训资源管理体系的基础。

2. 学习资源

学习资源指学员在培训过程中可以利用的一切学习知识的资源，包括技术、信息等，与硬件资源相辅相成。

3. 学员资源

学员资源即培训资源管理体系中的学习对象。学员作为学习者，其学习需求和学习特征具有稳定性、专业性和不可替代性，这就决定了学员资源将成为一种重要资源。

4. 支持人员

支持人员主要包括培训讲师、管理人员以及工作人员等，他们是培训管理体系的串联者，在一定程度上决定了培训活动的效果。

5. 政策资源

政策资源指的是支撑培训顺利开展的政策、规范等，包括培训标准和政策两个方面，同时保证培训过程的统一、有序。

腾讯公司自成立以来，非常重视员工的学习与发展。2007 年 8 月，腾讯学堂正式成立，为所有员工的学习与发展搭建平台，致力于成为互联网行业最受尊敬的企业培训组织。经过多年的实践，腾讯学堂建立多元化的学习小组，发展出多元化的人员培养模式。

新员工"导师"辅导

腾讯学堂除了为每位新员工配一位导师，在辅导专业技能的同时帮助新员工了解腾讯文化，还会安排他们参加一系列丰富、完整的新人培训，其中有工作经验的新员工会经历一个项目——"腾讯达人"访谈。新员工入职的第一周可自由组合，随机采访公司内的老员工，请他们讲述在腾讯的经历和故事，感受老员工对腾讯文化的切身体会。最后，新员工要把访谈结果带到"企业文化"的课堂上，与同学们分享达人故事。经过几年的积累，将这些案例整理成书——《达人秘籍》。

核心人才需重点培养

腾讯公司一直都非常注重从内部盘点和发掘有潜质的员工，并重点培育，特别加强在实际工作中的岗位锻炼，以培养出一支核心人才队伍和优秀的管理人员。

2006 年腾讯学堂开始推出"潜龙""飞龙""育龙"系列，不断培养公司内部不同层级的储备干部；后续推出"攀登""飞跃"项目，不断培养专业技术人员中的潜才。这些系列项目通过评测、行动学习、面授课程、研讨沙龙、标杆学习、压担子等多种培养形式，全面、快速地提升核心人才的相关能力。

创意马拉松

腾讯学堂会定期在员工内部发起创意马拉松，将有想法、有兴趣的员工组成不同的创意战队，每个战队都将经过几十个小时的连续作战来实现他们共同的创意，最后，向公司的核心专家团汇报，评选出最优项目。这些项目可能会帮助公司的某些产品找到新的发展方向，这个活动也有效地营造了公司的创新氛围。

多元化的学习小组通过灵活可变、更有针对性的学习形式，满足了员工对培训的需求。面对当今日益变化的环境，这种更加灵活、具有针对性、能快速地提升组织绩效的新型学习形式是值得我们学习的。

2.4.3 培训运营管理体系

对生产到流通各个环节的把控就是"运营管理"，而培训运营管理体系指的是企业培训部门对整个培训过程动态地审视和把控管理，争取安排合适的人在合适的时间进行合适的培训，这对培训十分重要。

　　培训运营管理体系是为了保证企业培训质量而建立的体系，一般由培训需求、培训计划、培训实施、评估反馈以及在线学习这五个部分组成，如图 2-8 所示。

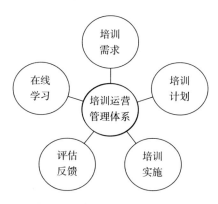

图 2-8　培训运营管理体系组成

1. 培训需求

　　培训需求指的是培训目标与受训者之间的能力差距，确定培训需求时需要根据需求的主动性和被动性进行具体分析，选择合适的手段解决问题。在进行培训需求调研时，培训部门可以通过问卷调查法、访谈法、观察法等多种方法确定培训需求。

　　武汉健民药业有限公司在进行年度总结时，总经理对技术部工作不太满意。虽然技术部经理是技术大牛，但在管理上还有很多欠缺。在通过问卷调查了解到这一情况之后，培训部门对其进行了管理方面的培训，取得了明显效果。

2. 培训计划

　　培训计划指的是从企业的战略角度出发，通过分析培训需求，提前对培训人员、时间、地点、内容等进行计划。培训计划对整个培训过程具有指导意义，制订培训计划的过程也是培训部门领导者系统思考如何开展培训活动的过程。

3. 培训实施

　　培训实施是培训运营管理体系的核心环节，培训部门要充分调动所有参与人员的积极性，确保培训按照计划顺利实施，获得理想效益。

在倡导建立学习型组织的今天，很少有企业能真正做到学习与实践的充分融合。美国通用电气公司推行"行动学习"，通过展示如何实施行动学习，将该学习方法推广给员工，使其将所学知识融入工作中，又从工作中汲取知识，形成良性循环，使得公司收入大幅度增长。

4. 评估反馈

培训结束后，需要对整个培训过程进行评估反馈，具体可采用柯克帕特里克四层次评估模型，如表 2-7 所示。

表 2-7　柯克帕特里克四层次评估模型

层次	评估内容	评估时机与方式	评估建议
反应层次	受训者在培训过程中的投入程度、主动参与性	培训时观察法 培训后问卷调查法	建议在培训结束前进行评估
学习层次	受训者是否学习到培训的知识	培训前后进行，测试法、问卷调查法、模拟训练法	实用性较强的部分可通过模拟训练法评估，实用性偏弱的部分可通过测试法评估
行为层次	受训者能否将所学知识应用于实际工作	可通过培训前后比较分析法	要考虑惯性的因素，不能急于求成
结果层次	培训结束后对企业发展的影响	需要一定时间考察	培训开始前应有明确的目的，需要考虑到影响企业发展的其他因素

5. 在线学习

为最大限度发挥培训的作用，在培训结束后，可将培训内容制作成线上学习内容，以避免同类内容重复制作，造成资源浪费。

2.5　培训组织体系与管理流程

培训管理不只是人力资源部门或培训部门的职责，而是需要整个组织共同面对的一项系统性工程。

2.5.1　培训职责的划分方式

在培训的不同时期，不同部门所承担的角色和责任不同。

1. 企业高层的职责

在培训需求分析阶段，企业高层需要与培训部门共同分析企业整体培训方向和培训需求。在培训计划阶段，企业高层决定企业的中长期和年度培训方针，并负责批准培训计划。在培训实施阶段，企业高层须留出一些时间来参与培训项目。在培训评估反馈阶段，企业高层负责指导培训评估工作的开展，并提出相应的改进建议。

2. 培训部门的职责

在培训需求分析阶段，培训部门负责分析企业整体培训需求并协助其他部门分析培训需求，然后将培训需求进行汇总。在培训计划阶段，培训部门负责制订企业中长期培训计划及企业整体培训预算，同时要对培训课程进行设计和规划。在培训实施阶段，培训部门负责培训项目的立项、实施及过程监控，指导各部门开展专项培训。在培训评估反馈阶段，培训部门负责对培训结果进行检查、评估并形成总结性文件。

3. 其他相关部门的职责

在培训需求分析阶段，各部门负责分析、整理本部门员工的需求，并传送给培训部门。在培训计划阶段，各部门负责制订本部门的培训计划及培训预算。在培训实施阶段，各部门组织开展本部门的培训活动，并积极参与培训部门组织的培训项目。在培训评估反馈阶段，各部门负责对本部门开展的培训活动结果进行评估和总结。

4. 员工个人的职责

在培训需求分析阶段，员工需要填写员工培训需求表，表达个人培训需求意向。在培训计划阶段，员工要清楚地知道企业和部门有哪些培训计划。在培训实施阶段，员工要积极参与相关培训活动。在培训评估反馈阶段，员工要积极配合开展培训活动的评估工作。

为了确保培训的人才能够支撑企业发展战略，华为人力资源部门负责对人才培养的总体发展方向进行整体规划和设计，同时也对华为员工培训中心的办学方向进行监督和指导。

华为员工培训中心形成了管理能力、专业能力、项目管理、新员工培训四大核心赋能领域。也就是说较为通用的技能培训，都由培训中心来进行赋能管理。

很显然，华为员工培训中心作为赋能管理的机构，并不能负责实施所有的培训。对于那些与业务直接相关的培训，则需要业务部门负责实施。业务部门会根据业务发展需求和临时需要，针对相关人员的能力欠缺进行针对性培训。

实际上，华为海外的片区也建立了不少片区培训中心，主要负责给客户培训，以及针对海外员工进行产品知识、业务技能和企业文化培训。

建立系统化的培训组织体系，有序开展培训活动，可以培养企业员工胜任工作的能力，从而实现企业和员工的共同发展。

2.5.2　培训组织者的角色与任务

培训组织者的工作职责是根据企业发展对人才的需求，做好丰富员工专业知识、提升员工业务技能、改善员工工作态度等工作，使员工的素质水平满足企业要求。

根据培训工作涉及的内容，培训组织者需要扮演八种角色，其具体任务也是按照所扮演的角色进行分配的。

（1）培训体系规划者。基于企业发展战略，自上而下与自下而上相结合，做好培训体系的顶层设计。

（2）培训计划制订者。编制企业人力资源开发培训计划与年度培训计划，编制、执行和控制企业培训费用预算。

（3）培训需求分析者。明确企业发展需求，发现各级员工能力短板，从而明确培训目标，并将需求准确反映到培训过程中。

（4）培训课程开发者。用标准化的课程开发方法和流程，开发出企业需要的培训课程。

（5）培训组织实施者。做好培训前的准备工作，按照培训计划组织开展培训活动，并进行全过程监督管理。

（6）培训效果跟踪者。评估员工在培训期间的表现，对培训课程效果进行评价，并跟踪员工培训后行为的改变情况。

（7）培训资料管理者。收集、准备并定期更新培训学习资料，同时做好培训记录、员工培训档案等文件资料的存档管理。

（8）企业培训顾问。不断提升自己专业水平和能力，强化自身综合素质，为企业培训提供专业化的指导。

随着招商银行培训中心的发展，其功能定位从培训实施阶段，进入学习、绩效、咨询阶段，培训管理者不再局限于"培训事务专家"这一角色，而是从传统培训运营跨越到评估管理、效能管理、价值管理，并积极地向员工发展顾问、业务发展伙伴、变革推动者职能角色转型。因此，这对培训管理岗位人员的素质能力提出了更高、更专业的要求。

随着企业经营发展的变化、培训职能的演变，培训管理人员这一角色和其职能也会随之发生深刻的变化。

2.5.3　培训管理工作流程与标准

为了确保培训工作的顺利开展，我们需要确定培训管理工作流程与标准。一般来说，培训管理工作流程包括制订培训计划、实施培训计划、评估培训效果等内容。某企业培训管理工作流程如图 2-9 所示。根据图 2-9 的流程内容，该企业还制定了培训管理工作标准，如表 2-8 所示。

不同企业之间，不论是文化、战略，还是规模、所在行业等都有较大的差异。培训的目的是提升员工的综合素质，让员工更好地完成工作，以实现企业战略目标。因此，构建培训体系必须密切结合企业战略要求，从而为企业培养出符合要求的人才。

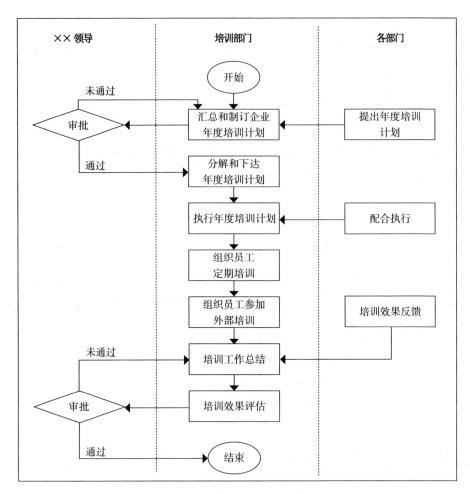

图2-9 培训管理工作流程（示例）

表2-8 培训管理工作标准（示例）

序号	任务名称	输出标准	时限
1	汇总和制订企业年度培训计划	年度培训计划	2个工作日内
2	分解和下达年度培训计划	年度培训方案	7个工作日内
3	执行年度培训计划	培训过程文件	2个工作日内
4	组织员工定期培训	培训结果考察记录	7个工作日内
5	组织员工参加外部培训	培训结果考察记录	7个工作日内
6	培训工作总结	培训工作总结报告	—
7	培训效果评估	培训效果评估报告	—

第 3 章
培训需求与计划管理

　　企业在开展培训前会进行培训需求调研、资料数据收集等工作，并通过归纳统计法、比较分析法等数据筛选和分析方法，对收集到的数据进行详细的梳理和分析，从而明确企业培训需求和价值点，并在此基础上做出培训计划。

3.1　培训需求调研方法与分析流程

在培训需求信息收集过程中，培训管理者依照不同的场景常常会使用问卷调查法、面谈法、小组讨论法等多种方法，多维度、全面地获取培训需求。

3.1.1　使用多种方法获取培训需求

培训需求可以理解为对通过培训获得解决问题的能力的需要，例如，大客户销售技能与售后服务技巧可以通过培训传授给每个受训者。具体来说，企业培训需求可以分为四大类：第一，普遍培训需求，即全体员工的共同培训需求，包括职业素养、通用管理技能等，不涉及专业知识、专业技能的培训；第二，个别培训需求，即由于部门不同、层级不同、岗位不同、资历不同而产生，体现出部门或个人的培训需求，如各类专业技能培训；第三，短期培训需求，即企业在未来一年内的培训需求，包括年度 / 季度 / 月度培训需求等，侧重对具体问题的解决；第四，长期培训需求，即基于企业未来发展的要求而确定的培训需求，涉及战略变换、人才培养等方面内容。

在培训需求调研时，为避免单一性，降低对调研对象的控制，培训管理者应该灵活运用各种方法，使用不重复的手段去获取信息，从而得出更合理、全面的结论。换句话说，就是使用两种以上的途径来了解培训对象。

某次培训管理者针对销售人员进行需求调研时，学员们纷纷表示："我们的问题主要在于交易的缔结和时间管理。"这些学员的经理也同意："我们的销售人员在交易的缔结和时间管理上有问题。"这个时候，培训管理者可能已经停止了调查，并得出结论："我们认为找到了问题所在，因为经理和销售员都认为问题在于交易的缔结和时间管理。"注意，这里只使用了一种方法：面谈。而培训经理花一天的时间观察了一个绩优销售员和一个绩劣销售员，发现他们在时间管理的方式上并没有差别。他们之间唯一的不同，在于他们交易缔结的技巧。

"使用不重复的手段获取同一信息"这种方式在一定程度上可以确保获得准确的信息。就上述例子而言，通过不同手段的调研，最后把培训需求精准地定位在"交易缔结技巧"上，避免了无效培训。

因此，在获取需求信息的调研中，使用不同的手段，不同的信息收集工具/方法是必要且重要的。常见的信息收集工具/方法包括问卷调查法、面谈法、小组研讨、观察法、工作任务分析法等。这些工具/方法有各自的优缺点，如表 3-1 所示，在使用时并没有统一的标准和规定，因此，我们应从自身需求出发，在了解不同工具/方法之后选择适合的调研方式，从而获取准确的培训需求信息。

表 3-1 获取培训需求信息的不同工具/方法及其优缺点

工具/方法	优点	缺点
问卷调查法	调查问卷发放简单，可节省培训组织者和培训对象双方的时间；成本较低，又可针对多人实施，所得资料来源广泛	调查结果是间接取得的，无法断定其真实性，而且问卷设计、分析工作难度大
面谈法	利于培训双方相互了解，建立信任关系，使培训对象更深刻地认识工作中存在的问题和自己的不足，激发其学习的动力和参加培训的积极性	需要占用培训者大量的时间；对培训者的面谈技巧要求高
小组研讨	发挥头脑风暴法的作用，得到的培训需求信息更有价值；易激发成员对企业培训的使命感和责任感	对参与员工和讨论组织者的要求高；讨论可能局限于形式，讨论内容缺乏真实性，无法反映部门真实情况
观察法	培训者对培训对象亲自接触，对他们的工作有直接的了解	花费时间较长，观察效果受培训者工作熟练程度的影响培训观察者的主观偏见也会对调研结果有影响
工作任务分析法	通过岗位资料分析和员工现状对比得出员工的素质差距，结论可信度高	花费的时间和精力较多

在众多培训需求调查工具/方法中，问卷调查法是很多企业最常用的培训需求调查工具/方法之一，通过问卷调查，培训者可以较为全面地了解培训对象的需求，进而设计有针对性的培训方案。因此，问卷调查法被各大企业采用。例如，华为员工培训中心的课程开发部门一般通过问卷调查、课程回访等方法向业务部门广泛调研，以获得业务部门详细、缜密的反馈信息，将业务部门反馈的信息进行仔细的分析和研究后，再进行课程开发。

3.1.2 培训需求分析的基本流程

培训需求分析就是在开展培训需求调查的基础上，通过一定的方法对员工的相关知识、技能、能力进行识别和分析，获取所需培训的内容，从而输出需求结果的过程。目前国内有不少企业建立了自己的企业培训组织，但是由于各种各样的原因，有些企业培训组织并没有真正发挥出其价值和作用。

我国企业培训组织发展起步晚，制度尚不完善，相关管理咨询机构调研结果显示：87.3%的企业培训组织没有系统化的培训需求调研和分析方法，而是通过汇总业务部门提交的培训需求表来组织培训活动；仅有9.6%的企业培训组织能够将工作场景和日常管理流程融入培训活动中；不到7.1%的企业培训组织会结合人才培养计划来开展培训活动。

由此可见，大部分企业培训组织在实际运营中并没有采取有效行为来创造价值，导致企业投入的大量成本无法获得相应的回报。因此，企业培训组织管理者除了在价值定位上要引导企业培训组织，还要通过一系列的业务活动来真正地为企业创造价值。

腾讯公司在各业务部门都配备了系统培训管理员，他们主要的任务是了解各业务部门的培训需求，并及时与培训部门进行沟通和反馈。为了配合腾讯公司的发展战略，培训部门还会主动分析和研究业务部门的潜在培训需求。这样设计出来的培训课程不仅受到了员工的普遍欢迎，还为公司营造了良好的学习氛围。

事实上，开展培训需求分析就是一个将需求信息收集、汇总、分析、整合，进而得出结论的过程。

培训需求分析的参与者一般包括四类。

（1）培训管理者。培训需求分析的整个工作是由负责培训的相关人员主持开展的，同时他们对每个岗位的要求和变化也是最清楚的。

（2）员工。作为培训对象，他们是培训需求分析的主体，他们的学习需求是培训计划制订的基础。

（3）员工上级。作为员工的直接管理者，他们更了解员工的特点，可以帮助其明确培训需求目标和内容，并督促执行。

（4）外部专家。他们对企业问题的分析比较客观，可以借助他们的丰富经验，对培训需求提出建议。

企业培训需求分析的基本流程如图 3-1 所示。

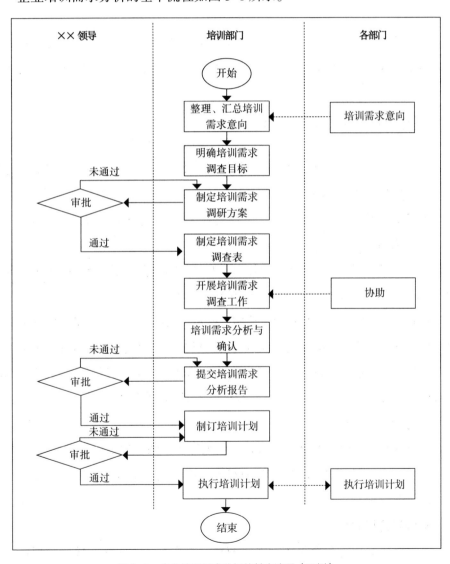

图 3-1 企业培训需求分析的基本流程（示例）

　　培训需求分析是整个培训工作流程的出发点，其准确与否直接决定了整个培训工作的有效性。简单来说，培训需求分析就是了解与掌握企业为什么培训、谁需要培训、培训什么、培训要达成什么效果等的过程。

3.2　培训需求分析的三大维度

　　美国学者戈德斯坦（H. Goldstein）提出培训需求分析的三层次模型，该模型将培训需求分析系统化后分成了三个层面：组织层面、任务层面和个人层面。

3.2.1　组织层面的培训需求分析

　　组织层面的培训需求分析是指通过对组织目标、资源、文化等因素进行分析，从而判断组织内部哪些业务、部门、员工需要培训，确保培训需求分析符合组织战略发展要求。一般来说，组织层面分析主要包括三个方面的内容。

　　1. 组织目标分析

　　组织目标分析是确定培训目标的关键，组织目标清晰与否直接影响培训计划的设计、执行，以及后期对于培训效果的评估。

　　有的组织目标比较清晰且相对稳定，则可以直接进行分析，考量哪些方面需要培训以确保组织目标的实现。而有的组织目标相对模糊且不断变化，就需要进行逐层分析，确定在子目标的实现中哪些需要提供培训，最后对需要提供培训的子目标进行重要性分类或排序，从而制订出培训的战略计划。

　　2. 组织资源分析

　　组织资源分析包括资金资源分析（组织可承担的培训费用）、时间资源分析（组织是否有足够的时间来开展各类培训活动）、人力资源分析（当前及未来人力资源状况分析）。

　　3. 组织环境分析

　　组织环境分析包括对组织制度、流程、工作方式、文化及核心价值观等的分析，培训计划是否能够顺利开展与其是否满足组织环境的要求紧密联系。

某公司在进行组织层面的培训需求分析时，主要从以下三个方面开展工作。

第一，组织目标分析。首先梳理公司业务战略，找准支撑业务战略实现的核心业务以及相关部门，并明确关键部门的组织发展目标。然后对业务组织部门的目标进行分析，确定是否需要提供培训。

第二，组织资源分析。通过对企业人力、物力、财力资源的分析，了解各部门人员、物资等的存在及更新情况，据此制订符合组织要求的培训计划。

第三，组织环境分析。通过调查和了解员工意见以及分析外部政策环境、技术环境等，制订和调整培训计划。

组织层面的培训需求分析将组织的长期目标和短期目标作为一个整体来考察，同时考察那些可能对组织目标产生影响的因素。组织分析旨在从全局把握整个组织与工作群体的培训需求，属于整体性的需求；而针对每项具体工作的具体培训需求，必须通过任务层面的分析才能加以识别。

3.2.2　任务层面的培训需求分析

任务层面的培训需求分析是指对某些职位的任职要求和业绩指标进行评价，从而导出在岗员工应掌握的知识和技能，并与员工实际掌握的知识和技能进行比较，两者的差距就是培训需求。任务层面分析的具体流程如图3-2所示。

分析职位要求
一是进行岗位分析，了解岗位内容及要求；二是获取完成工作所需知识、技能、经验、个人特质等信息；三是明确衡量该工作可接受的绩效标准

评价工作现状
通过资料调查、行为观察、表现记录分析、舆论调查、面谈、典型事件分析、技能考核等对在岗员工的工作现状进行评价

识别培训需求
通过现状与标准的比较，从中识别出差距，并进行原因分析，据此确认相应的培训需求

图3-2　任务层面分析的具体流程

任务层面的培训需求分析是根据工作标准、岗位的能力要求，来判断在岗员工是否可以胜任这个岗位。从企业整体来看，需要了解哪些岗位对企业业绩影响最大；从部门或个人来看，需要明确对该岗位业绩影响最大的能力要求项。这些都是培训需求的一部分。

3.2.3   个人层面的培训需求分析

个人层面的培训需求分析是结合员工自身在组织发展中的定位，对其目前所拥有的知识和能力进行分析，以明确其培训需求。个人层面的培训需求分析的实施步骤如图 3-3 所示。

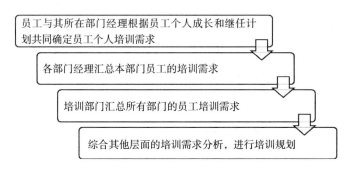

图 3-3   个人层面分析的实施流程 [1]

员工个人层面分析的重点是评价其实际工作绩效以及工作能力，具体内容如表 3-2 所示。

表 3-2   个人层面分析主要内容

分析维度	具体内容
个人考核绩效记录	员工工作能力、表现、意外事件、参加培训的记录等
员工的自我评价	以员工的工作清单为基础，由员工针对每一单元的工作成就、相关知识和相关技能进行真实的自我评价
知识技能测试	以实际操作和笔试的方式测试员工真实的工作能力

通过对组织、任务和个人三个层面需求内容的整理、分析，有效地明确企业培训需求，进而设计更有针对性的培训课程。

---

[1] 改编自张俊娟，韩伟静. 企业培训体系设计全案 [M]. 北京：人民邮电出版社，2011.

3.3　撰写培训需求分析报告

在确认企业培训需求后，培训管理者需要将培训需求信息进行归类与整理、分析与总结，最终确认并形成培训需求分析报告。

3.3.1　培训需求共识与确认

培训部门将通过问卷调查、个人面谈、小组研讨等方法获得的培训需求信息进行汇总、分类后，形成组织或员工的初步培训需求。为明确初步培训需求是否符合组织或员工的实际培训需求，需要进一步对其进行确认。一般来说，培训需求确认的方式包括以下三种[1]。

1.面谈确认

针对个别培训需求，培训管理者可以采用面谈确认的方式，即通过与培训对象进行面对面的交流，了解他们对培训需求的真实意见和态度，由此确认培训需求。

2.主题会议确认

针对普遍培训需求，培训管理者可以采用主题会议确认的方式，即围绕某一培训需求开展主题会议研讨与交流，听取参会人员对培训需求的反馈和建议，在此基础上完善培训需求，从而为培训计划的制订提供信息支持。

3.正式文件确认

为了避免各部门在培训实施过程中出现推卸责任的现象，在培训需求上达成共识后，培训管理者可以用一份正式的组织文件对培训需求进行最后的确认，如采用"培训需求确认会签表"的形式，具体如表 3-3 所示。

值得注意的是，在培训需求达成共识、最终确认的过程中，能否与业务部门进行有效沟通关系到培训活动的有效程度。因此，培训管理者要注意与业务部门沟通的方式，以便获取有效信息。

---

[1]潘平. 老 HRD 手把手教你做培训 [M]. 北京：中国法制出版社，2015.

表 3-3　培训需求确认会签表（示例）

序号	培训部门	培训主题	培训内容	培训形式	确认人

3.3.2　分析培训需求数据

　　培训管理者可以通过归纳统计法、比较分析法等数据筛选和分析的方法，对收集到的培训需求数据进行详细的研究和分析，从而明确企业培训需求。常用的数据分析方法如表 3-4 所示。

表 3-4　常用的数据分析方法

分析方法	具体内容
归纳统计法	通过样本分析来推论总体的数量特征及规律性
描述性统计法	只描述和分析特定对象而不下结论或推断
比较分析法	通过有关指标的对比来反映事物数量上的差异和变化
分组分析法	根据统计分析的目的和要求，把研究的总体按照一个或者几个标志划分为若干部分，加以整理，并进行观察、分析，以揭示其内在的联系和规律性
回归分析法	依据事物发展变化的因果关系来预测事物未来的发展走势，用定量预测的方法研究变量间的相互关系

　　除了各种分析方法，培训管理者还会用到各种数据分析工具，如可以用于大部分数据分析的 Excel，或者 SPSS、SAS 等软件。

　　在汇总分析这些数据之后，下一个步骤就是从这些数据中挖掘意义，明确其中的价值点。表 3-5 介绍了分析培训需求信息的不同维度。

表 3-5　分析培训需求信息的不同维度（示例）

维度	需求信息	背后的价值点
学习方式	到外部培训机构接受系统训练	反映出部分员工希望从企业外部得到新知识、新思想
	由企业内部有经验的人员进行讲授	说明大家对以往内部培训师开展的培训表示肯定

续表

维度	需求信息	背后的价值点
需改善的地方	培训内容实用程度有待改进	说明以往组织的培训内容脱离实际，使用度有限，不能将培训学习成果运用到实际工作中，转变为绩效的提升
	培训应少而精	说明当前培训工作有"为了培训而培训"的嫌疑，不能体现出培训的真实价值
	培训形式应多样化	说明在培训形式上应有所创新、多元化

培训管理者要从不同维度分析培训需求信息，抓住其中的价值点，确保培训内容和方式具有有效性和真实性，从而体现培训的价值。

3.3.3　汇总形成培训需求分析报告

培训需求分析报告是培训需求分析工作的成果体现，也是企业确定培训目标、制订培训计划的重要依据和前提。其内容一般包括以下六个方面。

（1）培训需求分析的背景和概况。

（2）培训需求分析的目的和性质。

（3）培训需求分析调研实施方法和流程。

（4）培训需求分析的结果。

（5）针对培训需求分析的结果提出相关建议。

（6）附录，包括收集和分析信息时所用的相关图表、原始资料等。

以下为某企业针对中基层管理者进行培训需求分析后撰写的报告（部分）。

中基层管理者培训需求分析报告（部分）

一、培训需求分析实施背景

××××年××月，对现任的中基层管理者进行培训需求调查发现，他们普遍是从各部门业务骨干中提拔出来的，管理技能相对匮乏。因此，管理技能提升是中基层管理者需要重点培训的内容之一。

二、调查对象与方法

此次培训需求调查对象主要是企业各部门负责人及其副职（共计 50 人），

采用的调查方法包括问卷调查和面对面访谈。

（1）问卷调查：共发出 50 份调查问卷，回收有效问卷 40 份。

（2）面对面访谈：在人力资源部门经理的主导下，培训管理者与各部门负责人及其副职分别进行面谈，并与部分高层领导对这些负责人的工作表现进行沟通。

三、调查主要的内容

（1）岗位任职时间：50% 的中基层管理者在现任职位的任职时间都在一年以内，其管理技能亟须提高。

（2）管理幅度：60% 的中基层管理者的直接管理人员在 6 人及以上，因此管理者角色认知是他们必须要了解的管理知识之一。

（3）制订工作计划：大多数中基层管理者很少制定长期规划，且不善于制订工作计划。

（4）有效授权与激励：40% 的中基层管理者表示不知道如何有效授权与激励，希望得到这方面的培训。

（5）员工培训：大多数中基层管理者在访谈中表示，他们会对下属进行培训，但是培训技巧还有待提升。

四、培训计划建议

（1）培训时间安排。（略）

（2）培训课程设置安排，如表 3-6 所示。

表 3-6　中基层管理者培训课程安排

序号	培训课程	培训时长（课时）
1	管理者角色认知	2
2	有效授权与员工激励	4
3	打造高效团队	4
4	有效沟通与培训技巧	3
5	工作计划制订与执行	2

培训需求分析是培训管理工作的重点和难点，培训管理者应该充分认识培训需求分析的重要性，在此基础上，遵循一定原则和程序，真实、有效地挖掘企业与员工的培训需求。

3.4　培训计划的分类与制订

在全面分析培训需求之后，我们需要制订相应的培训计划。培训计划的编制是培训管理的关键环节，它的有效性、可行性、科学性是衡量培训绩效的重要指标之一。

3.4.1　常见的培训计划分类

培训计划是从组织战略出发，在全面、客观、真实的培训需求调查基础上对培训目标、对象、内容、课程、形式、方法、时间等进行系统的设计和安排。按照不同的划分标准，我们可以将培训计划分为不同的类型。常见的分类方式包括以下四种。

1. 根据时间分类

根据时间长短，培训计划通常分为年度培训计划、季度培训计划和月度培训计划。

年度培训计划是企业未来年度培训实施的总纲，在整个年度的培训工作中起指导作用，其质量直接影响着培训的实施效果。

季度培训计划是年度培训计划的分解，它可以根据企业培训现状调整年度计划，使培训工作更加贴近实际。

月度培训计划是在年度及季度培训计划的基础上，结合企业上月培训工作开展的情况以及相关部门对培训工作的意见或建议进一步制订的。

2. 根据层次分类

根据培训层次的不同，大致可以分为企业培训计划、部门培训计划、岗位培训计划三种类型。

3. 根据内容分类

根据培训内容的不同，可以将培训计划进行分类。同样的培训内容放在一起管理，可以避免企业资源浪费，同时也有利于培训活动的统一管理，例如，市场营销类培训计划、人力资源类培训计划、专业技术类培训计划、通用知识类培训计划等。

4.根据项目分类

很多企业针对后备干部、潜力人才等制订了不同的培训计划，例如，阿里巴巴的"青训营"，是青年干部的培训基地；百度的"GM鲁滨逊特训班"是其培养领军式突破人物的摇篮。

3.4.2 制订培训计划的考量

为确保培训计划的有效性，培训管理者在制订培训计划时需要遵循一定原则，具体如表3-7所示。

表3-7   制订培训计划需要遵循的原则

原则	具体内容
系统性	简单来说就是在合适的时间、地点，设计、开展合适的培训活动
全面性	全面考虑整个企业及各个部门的需求情况，针对不同工种、不同培训对象设计有针对性的培训活动。培训计划应该具有较强的全面性
有效性	培训不能好高骛远，要从企业目前真实情况出发，制订合情合理的计划；培训计划实施后，要产生正面、积极的影响
标准化	无规矩不成方圆，培训也应该有一套完整的规章制度，以促使培训产生效果，提升企业的标准化水平
可衡量	培训计划要具体、可评估，否则培训易流于形式

在制订培训计划时，培训管理者要考虑多重因素，除了设计培训课程，还要考虑到培训预算、课后保障、效果评估等。

1.制定课程需求清单

根据培训需求设计不同的培训课程，制作课程需求清单。它既包含了针对少数员工的个性化培训需求，也包含针对所有员工的普遍培训需求。

2.确定培训预算

制订培训计划的最佳起点是确认企业的培训预算。尽管决定企业培训预算的是管理层，但是培训管理者应该明确这笔预算的必要性和回报率。

3.确定培训的供应商

通常来说，内部讲师的成本较低且熟悉企业业务，但外部讲师的行业经验和视角以及知识体系的完善度和丰富性要优于内部讲师。尤其是在管理培训方面，一些外部讲师要比内部讲师更有影响力。

4. 为培训安排后勤保障

培训后勤保障是指培训场地、学员住宿、培训设备及相关辅助工具等。这是非常容易出错的环节，尤其是在使用外部培训场地时，更需要培训管理者多次确认后勤保障清单。

5. 开展课后评估

为了最大限度地发挥培训的作用，培训管理者可以在培训结束后让受训者填写课程评估表，作为对讲师授课质量的检查标准。如果好评较多，则说明该课程有意义；如果差评较多，培训管理者则需要根据评价进行相应改变。最后，培训管理者还可以组织、安排培训总结会，交流、分享培训心得，讨论如何将所学内容运用到工作中等。

3.4.3　编制年度培训计划书

通常，每个企业都有年度培训计划，但由于企业管理水平、人员素质以及企业对培训的看法不同，导致各企业的年度培训计划存在较大的差异。制订年度培训计划是一件庞大、复杂的工作，其工作要点包括以下六点。

（1）了解企业的经营战略和方针，明确年度培训工作的重点。

（2）总结和分析上一年度的培训业绩，并结合企业新要求拟定培训计划。

（3）严格审核培训计划是否符合高层和企业中长期发展计划的要求。

（4）设定企业年度培训目标和培训方针。

（5）制定各项培训项目计划的实施细则，包括预算、时间安排等。

（6）向全体员工公布年度培训计划。

为使年度培训计划的制订更加有效，培训管理者应该编写一份高质量的年度培训计划书。年度培训计划书一般包括培训计划制订的目的和原则、培训内容和课程设置、培训费用预算、培训实施计划以及培训效果评估等。

以下为××公司年度培训计划方案（部分）。

××公司年度培训计划方案（部分）

一、封面

本部分包括封面名称、编制部门、编制日期以及审核部门等元素。

二、目录

略。

三、正文部分

（一）年度培训计划说明

1. 公司现状分析

2. 培训目的

3. 培训原则

4. 培训职责

5. 培训计划制订

（二）年度培训工作重点

（1）力争全面覆盖，重点突出，不断丰富培训内容、优化培训流程、增强培训效果。

（2）做好新员工入职前、上岗中、工作后各项培训与工作计划，帮助他们度过适应期。

（3）提高员工的职业意识与职业素养，提升团队合作与沟通能力。

（4）针对管理人员的管理水平、领导力等问题开展相关培训，计划以外训带动内训。

（三）年度培训计划实施流程

1. 培训实施

2. 培训效果评估

3. 培训档案管理

（四）年度培训课程计划

1. 新员工培训课程

2. 职能人员培训课程

3. 业务人员培训课程

（五）年度培训计划费用预算

四、附录

略。

总之，年度培训计划是为了呈现企业未来一年培训工作的整体思路和具体工作计划，从而获取领导对培训工作的支持。

3.5　培训预算控制体系

培训预算是企业开展培训活动的依据，预算本身不是最终目的，而是一种连接企业战略与企业经营业绩的工具，是分配资源的基础。为加强培训费用管理，合理使用培训经费，培训管理者需要做好培训预算管理。

3.5.1　培训成本包括的要素

培训成本是指企业在员工培训过程中所产生的一切费用，包括培训前、培训中和培训后所有活动的费用。培训前的成本是指在培训前的准备工作产生的费用，包括调查员工培训需求、制订培训计划、制定培训方案等。培训中的成本是指在培训实施过程中产生的费用，包括培训场地费、教材费、讲师授课费、食宿费等。培训后的成本是指培训结束后的学习强化与巩固，以及对培训效果进行评估而产生的费用。

一般来说，培训成本可以分为直接成本和间接成本，如表 3-8 所示。

表 3-8　培训的直接成本与间接成本

成本分类	内部培训成本	外包培训成本
直接成本	1. 培训讲师费（内请或外聘） 2. 场地租赁费（如果培训地点在企业内部，此项费用可免） 3. 培训设备、与培训相关的辅助材料费用 4. 培训课程制作费用、培训教材费、资料费 5. 因参加培训而支出的交通费、餐费、住宿费及其他等	1. 外包项目合同约定费用 2. 培训设备、与培训相关的辅助材料费用 3. 因参加培训而支出的交通费、餐费、住宿费及其他等 4. 选择培训机构时所产生的费用，包括估价、询价、比价、议价等费用，通信联络费用，事务用品费用等

续表

成本分类	内部培训成本	外包培训成本
间接成本	1. 课程设计所花费的所有费用，包括工资支出及其他费用 2. 培训学员工资福利等 3. 因员工参加培训而减少的日常所在岗位工作量造成的机会成本 4. 培训管理人员及办事人员工资、交通费、通信费等 5. 一般培训设备的折旧和保养费用	1. 培训学员、辅助培训人员工资等 2. 培训管理、监督费用 3. 其他相关费用

实践中，对培训成本的考量要有全面的观念，同时考虑到直接成本和间接成本，从全面成本的角度进行培训项目设计和培训效果评估。

【管理研究】培训成本分配模型

433 模型是欧美国家在培训投入方面的基本分配模型，如图 3-4 所示。

图 3-4　433 模型

433 模型，即假设有 10 万元的培训预算，其中 4 万元可以用在学习需求分析及学习项目设计与开发上，3 万元用来支付课堂教学费用，3 万元用在培训结束后的学习强化及巩固评估。

为切实保证企业培训的需要，把钱花在刀刃上，在培训计划实施前，企业必须全面掌握培训成本相关信息，才能做好员工培训费用预算编制工作，为企业培训工作的开展提供有力的资金支持，从物质上保证培训计划的贯彻执行，不断提高员工培训的实际效果和经济效益。

3.5.2　培训预算编制依据与方法

通常来说，年度培训预算与年度培训计划的编制工作同步进行，一般在每年第四季度展开。培训部门应于每年 12 月底前完成培训经费预算编制工作，并随年度培训计划一并下发。企业在编制培训预算时，通常会考虑以下因素，如图 3-5 所示。

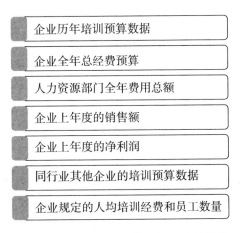

企业历年培训预算数据

企业全年总经费预算

人力资源部门全年费用总额

企业上年度的销售额

企业上年度的净利润

同行业其他企业的培训预算数据

企业规定的人均培训经费和员工数量

图 3-5 企业编制培训预算通常要考虑的因素

培训预算编制的方法主要包括五种：按人头费用标准制定预算、按参考线编制预算、按培训内容重要程度逐级评审预算、按人员类别计提预算、按计提总额分解预算。

1. 按人头费用标准制定预算

各部门依据人员数量、业务类型等，参照往年数据确定人均培训费用，计算得出部门培训预算额度，最终制定培训预算。

2. 按参考线编制预算

根据历年培训经费决算结果，制定各类人员、培训项目的预算参考线，作为各部门经费预算的参照，各部门据此编制培训经费预算。

3. 按培训内容重要程度逐级评审预算

按照业务类型、培训对象、培训项目紧急程度等因素评估各部门提报的培训项目，对于重要程度较低、但培训预算投入较高的项目进行预算调减。

4. 按人员类别计提预算

结合企业业务特点，确定不同人员类别的培训经费投入比例，例如，制造业企业要向一线操作工人倾斜，互联网企业要重点向技术开发人员倾斜，以此为参照来编制培训预算。

5. 按计提总额分解预算

在国家政策规定范围内，企业可以计提教育经费。在编制预算时，以教育经费计提总额作为参考，按照企业管控模式、业务发展阶段、员工培训特点等来制定企业和部门的预算比例及费用。

3.5.3　培训预算审核与使用管理

各部门按照企业预算编制原则、目标、流程，组织完成本部门年度培训经费预算，企业人力资源部门对各部门培训预算进行系统评审，形成培训预算初稿并上报企业领导层，待评审通过下发至各部门。预算编制的流程如图 3-6 所示。

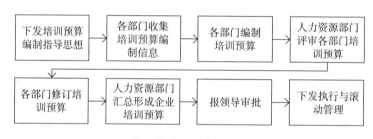

图 3-6　预算编制的流程

各部门需要建立培训经费台账，每个月末将培训实际发生情况提报给企业人力资源部门。各部门预算一经批准，应严格执行，但是遇到一些突发情况时，可以报企业人力资源部门审批后进行相应的调整，如以下情况。

（1）企业部门发生增减变化。

（2）企业人员定编计划发生重大调整。

（3）企业拓展新业务，调整培训计划。

（4）企业临时安排必要的培训项目。

每年，培训管理者需要对年度培训经费使用情况进行分析，主要从培训经费政策执行情况、培训经费决算分类使用情况和经费管理存在问题及解决办法等方面展开分析。待培训经费季度、年度决算后，还要进行培训经费使用效果分析、评估，从预算完成率、各单位使用情况、培训对象类别投入度等方面进行分析，综合评价培训经费使用效果。

第4章
人才标准与发展规划

不同职类、职种的岗位以及企业在不同的发展阶段对岗位能力素质的要求和侧重点都有所不同。企业可以从岗位胜任能力出发，构建员工的学习内容，从而提升员工能力，并促使其将能力转化为工作绩效。

4.1　梳理企业岗位体系

岗位体系是一种战略性的人力资源管理工具，通过将组织中的岗位和任职者予以分类，针对不同类别的特点和需求，采用不同的人力资源管理策略，可以大大提升管理的有效性。

4.1.1　了解岗位确定的过程

岗位是组织机构的基本单位，它们是落实组织使命的具体承担者，并在人与工作之间架设了桥梁。在组织中，每一个岗位都处在一定的位置上，如图4-1所示。

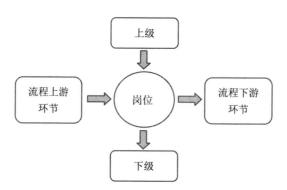

图4-1　岗位在组织及流程中的位置

从纵向来看，在组织架构中，岗位处在一定层级上，一方面需要接受上级的监督、指导，另一方面需要对下级起到监督和指导作用。岗位通过这些纵向实体的"交换"活动，实现整个组织管理系统的正常运行。

在横向上来看，在组织运作流程中，岗位总是处于流程的某一环节或辅助环节。每一个岗位，都通过与流程的上游环节和下游环节实现"交换"，保证了组织运行流程的畅通。

德鲁克曾经讲过一个关于通用汽车公司前董事长斯隆的小故事。有一次，德鲁克看到平时日理万机的斯隆竟然花了近 4 个小时的时间来跟大家讨论一个基层主管的任命话题，他感到很不解，于是问斯隆："作为一家全球领先企业的老板，你的每一分钟时间都像金子一样值钱，为什么花这么多时间在一个基层主管任命的事上？"

　　听到德鲁克的问题，斯隆暂停讨论，很严肃地跟德鲁克说："如果此时我们不花 4 小时好好安排一个岗位，找合适的人选来担任，以后就得花几百个小时来收拾这个烂摊子，我可没这么多闲工夫！"

　　这个故事很引人思考，对企业来说，任何岗位的设置都是为了帮助企业实现目标，每个岗位都是有责任的。因此，在确定岗位上，前期舍得花时间，能够降低后面出现问题的概率，这是很重要的。

　　企业在设置岗位时要有所依据，不能凭空想象。企业基于自己的组织使命去制定相应的策略和规划，并据此来进行组织架构的设计，在组织架构的框架下安排确定的岗位。

　　作为国内首屈一指的民营企业，华为非常清楚岗位本身是需要承载战略和业务责任的。在华为公司，岗位的确定是基于流程而设置的。首先是梳理流程在不同阶段的任务，确定完成任务所需的角色，然后根据角色要求设置岗位，具体如图 4-2 所示。

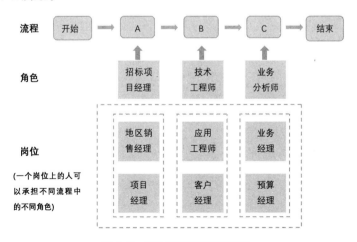

图 4-2　华为岗位确定过程示意

岗位的存在不取决于任职者，而取决于组织使命具体落实的需要。企业在不断发展的过程中，为了应对各种各样的挑战和机遇，其战略、结构和业务难免会需要调整，相应的流程也需要进行调整或优化，岗位也要随之变化。

4.1.2　岗位划分与岗位分析

岗位分析是对企业各个岗位的设置目的、性质、任务、职责、权力、隶属关系、劳动条件和环境，以及任职者的知识、技能等承担岗位任务应具备的资格条件所进行的调查、系统分析与研究，并由此制定岗位规范、工作说明书等人力资源管理文件的过程。培训管理者了解岗位分析的过程，有助于明确岗位所需的素质与能力要求。

一般来说，企业在岗位管理上划分为三个级别：族—类—子类，先划分岗位类别，然后对这些类别进行分类管理。华为的岗位类别分为管理族、技术族、营销族、专业族和操作族五种。华为公司岗位族与类别表如表4-1所示。

表4-1　华为公司岗位族与类别表

族类	具体内容
管理族	三级管理、四级管理、五级管理
技术族	系统、软件、硬件、技术支援、制造、特殊技术、专项技术等
营销族	销售、产品、营销策划、营销工程、市场财经、公共关系
专业族	计划、IT、流程管理、人力资源、财经、采购、项目管理等
操作族	事务、装备、调测、物料、检验、设备操作、技术员等

岗位划分的目的是把不同岗位类别区分清楚。通过岗位划分，不同岗位的晋升通道也更加清晰。岗位所需要的能力通过细致地分解，以明确的文本制度确立下来，避免了过去主要依靠上级来评价个人工作的情况，最大限度地削减了工作评价中的主观因素。

确定企业的岗位划分之后，需要对各个岗位进行分析，明确不同岗位的权责关系，即通过收集并整理有关岗位内容及岗位之间关系的信息，以简洁和系统的形式介绍岗位的信息，最终输出岗位说明书，如图4-3所示。

图 4-3　岗位说明书制定过程

简单来说，岗位分析就是对岗位相关信息的收集、加工和处理的过程。需要注意的是，岗位分析分析的是岗位，而不是这一岗位的任职者。以下是华为开展岗位分析的具体过程。

（一）确定信息来源

任职者、主管、组织设计部门、合作伙伴。

（二）分析的主要方面

组织结构、环境、岗位的主要活动以及下属活动的性质、框架和范围、工作关系、挑战、人员要求。

（三）组织结构分析

（1）该岗位所属的部门如何与整个组织相适应并服务于整个组织。

（2）该岗位向谁汇报。

（3）需同级报告的其他岗位。

（四）环境分析

（1）该机构该部门应提交什么东西以及向谁提交。

（2）背景信息：技术、市场、区位、法规、历史等。

（五）主要活动分析

（1）任职者提供的产品或服务是什么？通过什么工作活动来提供这些产品或服务？

（2）该岗位专业、技术和管理方面内容。

（3）该岗位的创造革新方面内容。

（六）下属活动分析

（1）哪些下属岗位向该任职者报告，报告的目的是什么？

（2）任职者与下属打交道的定位和范围是什么？

（3）任职者如何管理和控制下属的活动？

（七）框架和范围分析

（1）该岗位发挥作用或行使职权的主要依据：如公司的指示、规则、惯例、

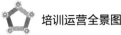

政策和策略。

（2）任职者做决定的权限，如开支、工作方法、工作人员、计划、程序等方面的决定权限。

（3）确定任职者独立行动、与他人协商或提交上级管理机构解决问题的范围。

（八）工作关系分析

（1）上级：该岗位任职者应向上级提交或汇报的内容，以及该岗位上级的范围和权责。

（2）与该岗位所在部门内部的其他人及该部门之外的其他部门同事之间的工作关系。

（九）工作挑战分析

任职者在这一岗位上遇到的最大的挑战是什么？面临的困难的性质是什么？

（十）人员要求分析

（1）该岗位要求任职人员具备的条件（而非现在的任职者可能具备的条件）。

（2）对人员展开访谈，事先了解任职者所在部门的相关背景知识。

通过上述这样的流程对岗位信息进行收集和分析，管理者可以知道企业需要设置什么样的岗位，并确定该岗位的权责关系，输出岗位说明书。

4.2　针对岗位进行能力分析

要想全方面地明确岗位的胜任力，培训管理者还必须要对岗位能力要求进行深入分析。从时间维度上分三个方面分析：过去、现在、未来。从过去分析，看过去在岗位上取得优秀绩效的员工具备哪些素质和能力；从现在分析，看在岗员工目前工作和业务上存在哪些问题，需要何种能力来解决；从未来分析，看战略目标对员工能力的要求，需要哪些能力做支撑。综合考虑，才能得出最终的岗位能力要求。

4.2.1　基于过去的绩优员工访谈

通过对员工进行访谈，提取员工身上的特质，再汇总绩优员工的特质和绩效普通员工的特质，进行对比分析。企业从中可以发现，绩优员工身上存在一些共同的特质，这些特质是绩效普通员工所没有的，而这些特质正是胜任目标岗位所需要的核心素质，它们可以被用来区分绩优员工和绩效普通员工。

这种通过访谈员工来提取岗位胜任力和素质的方法称为"行为事件访谈法"（英文名为 Behavioral Event Interview，缩写为 BEI），是一种开放的行为回顾式探索技术。通过请受访者回忆过去半年（或一年）在工作上感到最具有成就感（或挫折感）的关键事件，从这些事件中挖掘出影响目标岗位绩效的行为。然后对收集到的具体事件和行为进行汇总、编码、分析，在不同的被访谈群体（绩效优秀群体和绩效普通群体）之间进行对比，从而找出胜任目标岗位所需的核心能力和素质。

行为事件访谈法可分为五个步骤进行。

1.开场及介绍访谈目的

在正式访谈之前，告知被访谈者访谈的目的，强调访谈的保密性，打消被访谈者的顾虑。行为事件访谈通常时间较长、信息量大，因此建议在征得被访谈者同意后，对访谈内容录音，以免遗漏重要信息。

2.岗位职责和关键任务描述

进入正式访谈后，要求被访谈者先对岗位职责和关键任务进行描述，将时间控制在 5~10 分钟。虽然一般在访谈前，访谈者会通过资料对被访谈者的岗位信息进行了解，但是资料跟实际情况可能存在出入，因此在访谈中进行询问，既是一种确认，也是对职责的进一步厘清。

3.关键事件访谈

完成岗位职责和关键任务信息的收集后，就进入最核心的环节——关键事件访谈。在这一环节，需要被访谈者描述他们在工作中遇到的关键事件，包括正面事件和负面事件。这一阶段须收集 3~6 个关键事件完整、详细的信息，访谈时长在 3 小时左右。

关键事件访谈须遵循 STAR 原则，从情境（Situation）、任务（Task）、行为

（Action）、结果（Result）四个方面来获取关于事件的完整信息，如表 4-2 所示。

表4-2　基于 STAR 原则对行为事件进行访谈的提纲

情境（Situation）	任务（Task）	行为（Action）	结果（Result）
1."那是一个怎样的情境？什么样的因素导致这样的情境？在这个情境中有谁参与？" 2."相关的影响因素还有哪些？" 3."团队、部门以及企业的情况是怎样的？"	1."您面临的主要任务是什么？目标是什么？" 2."您在当时情况下的实际想法、感受怎样？您当时希望怎么做？" 3."出于什么样的背景考虑？"	1."您对当时的情况有何反应？" 2."您实际上做了或说了什么？" 3."您都采取了什么具体的行动步骤？"	1."最后的结果是什么？过程中又发生了什么？" 2."结果如何？产生了什么样的影响？" 3."您得到了什么样的反馈？"

4.岗位胜任力访谈

除了通过关键事件提取胜任力素质，直接询问员工尤其是绩优员工，也是一种获取岗位胜任力素质的有效方法。在完成关键事件访谈后，培训管理者可以直接询问被访谈者："您认为员工需要具备怎样的知识、技能、能力、素质，才能胜任岗位工作？"员工对于这个问题的回答往往可以为后期提取胜任力要项提供重要参考依据。

5.表达感谢，结束访谈

最后在结束访谈前，就访谈中还存疑的地方做进一步确认，另外还要对被访谈者表示感谢，肯定对方的付出。同时也可以表明在后续工作中，如果有必要还会再次进行访谈，或需要对方提供其他方式的配合。

2021 年，笔者在盘点隆平高科大区经理的岗位能力要求时，邀请一些优秀的大区经理回答了以下问题。

（1）大区经理的服务行为，有哪些是经销商或大客户所看重的？列举 5 点。

（2）大区经理的管理工作或服务工作中，有哪些行为可能导致客户流失？列举 5 点。

（3）从区域经理（大区经理的直接下级）到大区经理，需要提升哪些能力？列举 5 点。

（4）您心目中最符合公司发展的大区经理，应该具备哪些优秀品质和能力？

通过梳理这些开放式问题，培训管理者可以从中总结出岗位胜任力和素质要求。

4.2.2　基于现在的问题点梳理

企业建立岗位胜任力模型的目的之一是通过建立明确的人才标准，把员工的能力素质往企业需要的方向牵引，解决企业的实际问题并创造价值。因此，综合考虑目前的业务难点，分析其背后员工缺失或薄弱的能力，从而注重对这些能力的培养，对企业来说更具有现实意义。

现有问题和业务难点可通过绩效数据分析的方法得出，也可以通过访谈调研、问卷调研来获取。绩效数据分析的方法相对简单，如果企业建立了较为完善的绩效考核制度，那么通过对同一岗位任职者的绩效考核数据进行分析，可以发现员工普遍表现欠佳的绩效点，再由此推导出目前任职者普遍缺失或薄弱的能力。而访谈调研和问卷调研的方法则相对复杂，需要先对岗位的关键任务进行梳理、确认，之后再设置访谈提纲或问卷来开展调研。

以隆平高科的组织经验萃取项目为例，笔者在为大区经理岗位建立人才标准时，先对岗位的关键任务进行了全面梳理，形成了关键任务清单。在完成大区经理的关键任务梳理、与业务部门和人力资源部门达成共识后，我们设置了业务场景调研问卷，选定了岗位任职者及其上级作为调研对象，从角色责任（主导/带教/配合）、工作难度（高/中/低）、对业绩提升的影响（高/中/低）三个维度对各项关键任务进行评价，如表4-3所示。

表4-3　大区经理岗位业务场景调研问卷（部分）

序号	关键任务	角色责任			工作难度			对业绩提升影响		
		主导	带教	配合	高	中	低	高	中	低
1	市场调研的设计（规划、模板、工具）									
2	收集市场环境信息（种业政策环境、地方政策）									
3	市场容量调研									

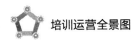

序号	关键任务	角色责任			工作难度			对业绩提升影响		
		主导	带教	配合	高	中	低	高	中	低
4	对种植农户的调研									
5	对区域市场产品需求趋势的调研									
6	产业链下游对产品的需求特性（加工企业、居民饮食特性）									
7	竞争对手基本档案（背景、团队、服务水平、管理水平）									
8	竞品的表现、主推产品竞争力，以及未来产品投放趋势									
9	竞争对手商业模式（产品定价和返利、盈利率、单品市场占有率、市场运作能力、用户的口碑反馈）									
……	……									

最终基于对调研结果数据的分析，得出了该岗位的工作难点（那些处于主导角色、工作难度高、对业绩提升影响也高的关键任务，就是该岗位的工作难点）。

培训管理者在建立岗位胜任力模型时，需要综合考虑岗位的工作难点所对应的能力、素质需求。此外，岗位工作难点的调研结果为任职者的培训及能力提升也指明了方向。

4.2.3 基于未来的企业能力要求

除了要考虑企业当前的能力需求，还要考虑企业未来的能力需求，即与企业战略相关、指向未来的能力。例如，要实现战略目标，需要企业高层、中层、基层员工具备哪些能力和素质？哪些战略性岗位有承接战略能力，在战略能力上的具体表现是什么？这些能力目前在岗的绩优员工也未必全具备，与通过对现在的问题点梳理所导出的能力也不相同。

基于未来的企业能力要求可以通过企业能力演绎法得出。企业能力演绎法，就是通过分析企业战略、所面临的外部环境与内部关键挑战，明确对企业能力的要求，以及演绎出对具体职类人员的能力要求，如图4-4所示。

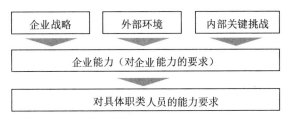

图4-4　企业能力演绎法

在隆平高科的组织经验萃取项目中，除了开放式问题访谈和业务场景问卷调研，笔者及其团队还对该公司的各类资料进行了分析，包括领导讲话稿（公司董事长、轮值总裁、分管业务的副总裁等）、大区经理年度总结报告、营销人员能力要素及课程体系等。这些资料中体现了公司战略方向、业务发展挑战及规划等信息，通过对相关内容的推导演绎，我们梳理出了一些大区经理岗位胜任能力和素质要求。

综合以上三类分析结果，培训管理者就可以得出岗位能力要项清单。在此基础上，做进一步的权重分析和筛选，进而得到各岗位的关键能力要求。

在隆平高科的组织经验萃取项目中，我们通过整理综合访谈、调查问卷、资料分析的结果，得出大区经理岗位能力要项清单，如表4-4所示。

表4-4　大区经理岗位能力要项清单

序号	专业能力	通用能力	素质
1	团队建设与管理能力	沟通能力	创新意识
2	活动策划与执行能力	目标管理能力	系统思维
3	客户管理能力	执行力	有事业心
4	市场管控能力	问题解决能力	乐观
5	市场洞察能力	学习能力	目标意识
6	产品销售能力	计划制订与执行能力	团队协作
7	产品运营能力	战略理解力	公私分明
8	市场拓展能力	危机处理能力	积极进取

通过对这些能力要项进行权重排序，得出了大区经理的岗位胜任能力要求，如图 4-5 所示。

图 4-5　大区经理岗位胜任能力要求

得到各岗位能力要求后，培训管理者通过对词条编码，可以构建岗位胜任力模型，用于任职资格评定。另外，还可基于能力要求对员工能力进行盘点，从而有针对性地开发人才培养项目，提升员工的综合素质，以满足企业发展需求。

值得注意的是，在构建岗位胜任力模型时，如果企业处于规模化扩张时期，岗位胜任能力要求应该更多地反映达成当前目标所需要的能力；如果企业处于面临战略转型或业务模式升级的时期，岗位胜任能力要求就要反映更多指向未来的能力。

4.3　岗位胜任力模型分类

从类别上看，岗位胜任力模型可分为三个类别：第一类是适用于全员的通用素质模型；第二类是适用于管理者的领导力模型；第三类是适用于岗位序列的专业胜任力模型。

4.3.1　适用于全员的通用素质模型

通用素质模型适用于企业的全体员工，其主要内容是企业全员都需要具备的关键素质。这些关键素质反映了企业对员工行为的要求，是企业推崇和期待所有员工行事、沟通、合作的一套行为准则。

通用素质主要来源于企业文化、价值观和发展战略。通用素质模型的构建方法是将企业文化中的核心价值观变成对应的素质项和行为标准，或者将从企业战略中推导出来的对员工共性的能力要求变成对应的素质项和行为标准，并模型化。

图 4-6 是笔者服务过的一家企业的通用素质模型，该模型包括 5 项通用素质，其中正直诚信、组织承诺、敬业务实、团队合作来源于企业核心价值观的要求，客户导向来源于企业战略。

2020 年，企业开始转型走市场化道路，从主要服务政府客户，向服务企业客户和个人客户延伸。要想在激烈的市场竞争中取胜，企业必须能提供满足客户需求的服务和产品，基于企业战略和转型要求，每名员工都必须建立"客户导向"的意识。因此，该企业将"客户导向"设置为通用素质，与从企业核心价值观中提取的 4 项通用素质一起，建立了全员的通用素质模型。

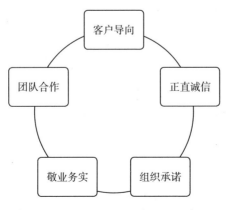

图 4-6　通用素质模型（基本结构）

在通用素质模型中，该企业对"正直诚信"能力素质指标的具体定义和描述如表 4-5 所示。

表4-5   "正直诚信"素质项等级与行为描述（示例）

通用素质	定义	级别	行为描述
正直诚信	能依据事务原本的情况处理企业中的事务，不受个人利益、好恶的影响，信守承诺，正确对待自己的错误	1级	**遵守制度** ·遵纪守法，遵守社会公德 ·遵守企业的政策原则和规章制度，不超越制度规定权限
		2级	**信守承诺** ·不轻易承诺，但对承诺过的事情会想办法实现
		3级	**实事求是** ·不说假话，真实反映客观情况，不为个人利益隐瞒事实或欺骗他人 ·对事情进行公平公正的评价和处理，不受个人利益影响
		4级	**正直廉洁** ·遇到利益诱惑时能够顶住压力，坚持原则 ·正直廉洁，不凭借权力谋取个人私利
		5级	**道德楷模** ·从自我做起，自觉维护企业在市场中树立的诚信形象，担当道德楷模 ·对于他人违法经营、损害企业诚信形象的行为能够勇敢说服和劝导，做到自我监督及与他人的相互监督

该企业采取了区分行为等级的通用素质模型，每一项通用素质都分成了5个等级，不同等级对应不同的行为描述。模型结构、素质项、素质项定义和行为等级描述四个部分构成了完整的通用素质模型。

区分行为等级的通用素质模型构建难度相对较大，在建设和应用阶段，对人员有着较高的专业能力要求。不区分行为等级的通用素质模型在构建和应用操作上相对简单，因此，在实践中更受企业的认可。这里我们以阿里巴巴通用素质模型中的"客户第一"素质项为例，对不区分行为等级的通用素质模型进行介绍。

阿里巴巴将企业的核心价值观转变成对应的素质项和行为标准，建立了通用素质模型。阿里巴巴的"新六脉神剑"中，有一条核心价值观是"客户第一，员工第二"，其通用素质模型将这条价值观转化成了"客户第一"的素质项，并进行了具体的诠释和行为描述，如表4-6所示。

表 4-6 阿里巴巴通用素质模型（部分）

通用素质项	客户第一
诠释	·客户就是我们的选择，是我们的优先级 ·只有持续为客户创造价值，员工才能成长，企业才能获得长远利益
行为描述	·心怀感恩，尊重客户，保持谦和 ·面对客户的需求，即使不是自己的责任，也不推诿 ·把客户价值当作我们最重要的 KPI ·洞察客户需求，探索创新机会

阿里巴巴没有对通用素质项的行为进行分级，而是列出了一个素质项的多条行为描述。但是行为描述从上到下也有难易程度上的不同，如在"客户第一"这个素质项的行为描述中，"心怀感恩，尊重客户，保持谦和"是最容易做到的，而"洞察客户需求，探索创新机会"是最难做到的。

通用素质模型是对企业核心文化、价值观的反映，将通用素质模型作为人才招募和选拔的标准，可以确保选拔出的人才与企业"气味相投"，避免出现新人"水土不服"的情况。在人才招募和选拔过程中，人力资源部门要重点在通用素质上对人才进行把关。

在阿里巴巴的面试中，人力资源部门和用人部门是这样分工的：人力部门在面试中负责考察人选的特质，也就是是否具备阿里巴巴要求的通用胜任素质；用人部门主要负责考察人选的专业知识、经验和技能。人力资源官全程参与面试，并且具有一票否决权，如果其在面试中发现候选人不具备企业要求的通用胜任素质，甚至与企业核心价值观相抵触，那么可以直接决定不录用这个人。

人力资源官是阿里巴巴派驻到各业务线的人力资源管理者和价值观管理者，他们与业务经理一起做好所在团队的组织管理、员工发展、人才培养等方面的工作。

通用素质模型是企业要优先建立的素质模型，明确一套适用于企业全体员工的统一的人才标准，确保企业能够招募到志同道合的人才加入企业，能够增强企业的凝聚力，保障企业的长期稳定发展。

在成立早期，企业可能没有条件和技术一次性建立起完整、规范的通用素质模型，但是也要先明确通用素质项，然后再逐步迭代，不断优化，最终建立起完善的通用素质模型。

4.3.2　适用于管理者的领导力模型

通用素质模型建立后，紧接着要建立的就是领导力模型。企业规模能有多大取决于管理层的领导力，取决于是否有志同道合、能力互补、具有持续奋斗精神的领导团队。

广东倍智人才科技股份有限公司（以下简称"倍智"）通过对 18 个行业的 721 家企业进行研究，得出一个结论：领导力水平与企业盈收存在正相关关系。

倍智按照连续 3 年盈收增长率将 721 家企业分为两组，一组是持续 3 年盈收维持两位数增长的企业，称为高增长组，其余企业属于低增长组。对比两组企业中高层管理者的领导力，倍智发现：高增长组企业的中高层管理者，有 62% 的人的领导力处于优秀水平，27% 的人处于中等水平，11% 的人处于较差水平；而低增长组的企业中，仅有 26% 的中高层管理者的领导力处于优秀水平，42% 处于中等水平，32% 处于较差水平。

一个完善、合理的领导力模型，是培养和发展领导者的指标与参照。在人才领导力开发方面表现卓越的企业或组织都有自己的领导力模型。

华为深知"正确的路线确定后，干部是决定因素。"早在 2005 年，华为就建立了领导力模型，用来牵引管理层领导力的发展，为其全球战略布局提供人才保障。

该领导力模型被称为"华为领导力九条模型"（如图 4-7 所示），是华为通过对内部几十位优秀的高级领导进行访谈，对他们的各方面进行归纳、总结，如他们为什么成功、他们身上具有哪些优秀素质，以及分析公司长远发展对领导力的要求等总结而得的。

九条领导力各分为四个等级，高层、中层、基层管理者在各条领导力上要达到的等级和行为描述是不同的，如表 4-7 所示。

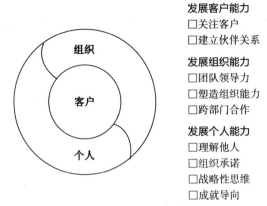

发展客户能力
☐关注客户
☐建立伙伴关系

发展组织能力
☐团队领导力
☐塑造组织能力
☐跨部门合作

发展个人能力
☐理解他人
☐组织承诺
☐战略性思维
☐成就导向

图 4-7　华为领导力九条模型

表 4-7　华为领导力九条分级及行为描述

领导力	定义	等级	行为描述
关注客户	一种致力于理解客户需求，并主动用各种方法满足客户需求的行为特征。"客户"包括现有的和潜在的客户（内外）	1 级	响应明确的客户需求
		2 级	解决客户的担忧，主动发现并满足客户未明确表达的需求
		3 级	探索并满足客户潜在的需求
		4 级	想客户所未想，创造性地服务客户
建立伙伴关系	一种愿意并能够找出公司与其他精心选择的合作伙伴之间的共通点，与他们建立互利共赢的伙伴关系来更好地为客户服务的行为特征	1 级	对外开放，建立联系
		2 级	开展对话
		3 级	共同发展伙伴关系
		4 级	寻求共识，实现双赢
团队领导力	一种运用影响、激励、授权等方式来推动团队成员关注要点，鼓舞团队成员解决问题以及运用团队智慧等方法来领导团队的行为特征	1 级	任务式领导
		2 级	设定高绩效团队的行为期望
		3 级	授权团队
		4 级	鼓舞士气，影响团队
塑造组织能力	一种辨别并发现机会，不断提升组织能力、优化流程和完善结构的行为特征	1 级	理解、执行组织流程，并识别需要改进的领域
		2 级	指导团队
		3 级	匹配人力资源，发现、培养后备干部
		4 级	进行组织或流程的重新设计，建立干部梯队，以持续提升绩效

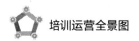

续表

领导力	定义	等级	行为描述
跨部门合作	一种为了公司整体利益而主动与其他团队合作、提供支持与帮助并获得与其他部门合作的意愿和行为特征	1级	尊重他人，并提出自己的观点
		2级	处理冲突，愿意妥协
		3级	主动理解其他部门需要，采取行动为其提供帮助，寻求双赢
		4级	整体利益最大化
理解他人	一种准确地捕捉和理解他人没有直接表露或只是部分表达出来的想法、情绪以及对其他人看法的行为特征	1级	识别情绪和状态
		2级	理解情绪和表达
		3级	理解真实意图
		4级	理解深层问题
组织承诺	一种为了支持公司的发展需要和目标，愿意并能够承担任何职责和挑战的行为特征	1级	努力融入组织
		2级	展现公司形象
		3级	认同并传播公司核心价值观，以实际行动支持公司
		4级	为公司利益而让步或牺牲
战略性思维	一种在复杂、模糊的情境中，用创造性或前瞻性的思维方式来识别潜在问题、制定战略性解决方案的行为特征	1级	适应发展趋势来实施战略
		2级	运用复杂的框架方法实施战略
		3级	深入浅出地理解战略
		4级	重新构思业务或创造新的业务概念
成就导向	一种关注团队最终目标和公司最大利益化的行动的行为特征	1级	把事情做得更好
		2级	设定并实现挑战
		3级	做出成本／效益分析
		4级	敢于经受被评估的风险

华为的领导力模型建立后，被广泛运用于干部招聘与选拔、后备干部培养、干部职业规划、干部培训与发展、干部绩效管理及薪酬体系中，全面提升了干部的领导力，形成了华为强大的组织领导力，推动了华为的高速发展。

企业在建立领导力模型时，除了通过领导者访谈、问题点梳理、分析企业战略来得出领导力，还可以参考标杆企业的领导力模型和领导力有效性方面的研究成果，对企业的领导力模型进行优化。

倍智通过具体分析高增长组和低增长组的企业管理者在 20 项领导力上的水平差异，得出最能助力企业实现营收双位数增长的九项领导力是：商业洞察力、创新与变革、复杂决策力、工作重心管理、流程管理、高绩效团队塑造力、有效沟通、自我驱动力和抗压能力。这九项关键的领导力是企业想在 VUCA 时代（即乌卡时代，指我们正处于一个易变性、不确定性、复杂性、模糊性的世界里，是一个具有现代性的概念）中取得发展，需着重培养管理者去发展的领导力。

此外，有的企业由于对各层级管理者的领导力要求存在较大的差异，因此，并未建立统一的领导力模型，而是分别建立了基层管理者、中层管理者和高层管理者的胜任力模型。两者具体的呈现形式不同，但本质上，都体现了企业对管理者的要求和期望的行为标准，两种做法都值得肯定。

4.3.3　适用于岗位序列的专业胜任力模型

岗位序列的专业胜任力模型适用于特定岗位族群，是针对具体岗位序列建立一套胜任力标准，它反映的是每一条线岗位序列上的员工须具备的专业胜任力。

在建立专业胜任力模型前，要先对企业的岗位进行梳理，明确各岗位所归属的专业条线和岗位序列，再以岗位序列为单位，通过访谈特定岗位序列上的绩优员工，梳理岗位序列的共性工作难点和问题点，识别企业战略对岗位序列专业能力的要求，提取专业胜任力和行为标准，构建专业胜任力模型。

企业在构建专业胜任力模型时，可以先将各岗位序列的专业胜任力梳理出来，形成各岗位序列的专业胜任力表，如表 4-8 所示。

表 4-8　营销条线专业胜任力表（示例）

大岗位序列	营销条线	
子岗位序列	销售	市场
个性专业胜任力	谈判	市场洞察
共性专业胜任力	沟通说服、客户导向、结果导向	

然后在明确各专业胜任力的行为等级和行为描述后，最终形成各岗位序列的

专业胜任力模型（专业胜任力模型也可以分为两类：区分行为等级的专业胜任力模型和不区分行为等级的专业胜任力模型，其呈现形式和通用素质模型相同）。

产品经理岗位是阿里巴巴集团的关键岗位，阿里巴巴将产品经理岗位分为P4~P7四个层级，对不同层级的产品经理的岗位职责进行了明确的划分，如表4-9所示。

表4-9　阿里巴巴各层级产品经理岗位职责

	职责明细	P4	P5	P6	P7
产品经理岗位职责	独立负责用户调研、竞品分析、需求规划、交互设计	✓	✓		
	深入用户研究，需求挖掘与拆解，独立负责一条产品线"从0到1"规划上线			✓	✓
	较强的逻辑分析能力，用数据驱动产品		✓	✓	✓
	较强的沟通表达能力和团队协作能力，协同UI、开发、测试等部门，推动项目上线		✓	✓	✓
	较强的学习和分享能力，能将创新模式融入业务中			✓	✓
	配合运营、市场等部门业务策略的产品化落地			✓	✓
	行业前瞻性和洞察力，对公司业务战略决策提供帮助				✓
	团队管理和组织建设能力，带领和激励团队达成目标				✓

阿里巴巴依据产品经理岗位序列的胜任要求，建立了专业胜任力模型，明确了产品经理必须具备"需求管理""产品规划""项目管理""团队管理""商业思维"五项专业胜任力。基于不同层级产品经理的岗位职责不同，对各项专业胜任力的行为要求也不同，如表4-10所示。

表4-10　阿里巴巴各层级产品经理专业胜任力行为要求

序号	专业胜任力	具体行为描述	层级			
			P4	P5	P6	P7
1	需求管理	用户调研、竞品分析，通过各渠道和方法收集、整理需求	II	III	IV	IV
		对需求的分析、理解和判断	II	III	IV	IV
		将用户需求转化为产品	I	II	III	IV
		根据业务规划对需求进行拆分和优先级排序	I	II	III	IV
		深入挖掘需求，提炼产品价值点	I	II	III	IV

续表

序号	专业胜任力	具体行为描述	层级			
			P4	P5	P6	P7
2	产品规划	定义产品范围，明确产品结构、产品原型及输出文档	II	III	IV	IV
		梳理产品架构，规划业务模块	I	II	III	IV
		通过系统化思考，明确产品定位，输出产品线策略及规划	I	I	II	III
		分析行业竞争态势，提炼产品核心价值点	I	I	II	III
		通过数据分析，发现问题，推动产品优化迭代	I	II	III	IV
3	项目管理	组织项目立项和需求评审，协同 UI、开发、测试等部门，推动项目上线	II	III	IV	IV
		管理项目节奏，规划里程碑节点，实现项目目标	I	II	III	IV
		组织项目复盘，及时总结项目得失，形成工作方法论	I	II	III	IV
4	团队管理	组织团队学习和团队分享	II	III	IV	IV
		帮助人才成长，参与梯队建设，促进组织进步	I	I	II	III
		激励团队，带领团队达成目标	I	I	II	III
5	商业思维	配合运营、市场等部门对业务运营策略的产品化落地	I	II	III	IV
		通过业务统筹分析，制定产品的长期规划	I	I	II	III
		具备行业前瞻性，对未来方向探索研究，对公司业务战略决策提供帮助	I	I	I	II
		研究行业外优秀模式，并融入行业内进行创新	I	I	II	III

注：
I 为了解：指意识与概念的知晓
II 为掌握：指在了解的前提下，能够进行基本的执行与运用
III 为熟练：指掌握并能完全运用
IV 为精通：指的是运用高手，具有榜样的作用

从了解、掌握，到熟练、精通，总体来讲，产品经理的岗位层级越高，对行为要求的标准就越高。

专业胜任力模型的建立是一项庞大的系统工程，企业往往有多个岗位序列，若要建立全部岗位序列的专业胜任力模型，往往需要耗费大量的人力，历时数月，甚至需要数年的时间。因此，在实践中，企业要考虑实际的管理需要，可以先建立关键岗位的专业胜任力模型，如有必要，再逐步将非关键岗位的专业胜任力模型也建立起来。

4.4 明确人才发展规划的目标

许多企业都非常重视人才培养，并持续在人才培养上进行资源投入，然而收效甚微。究其原因，是因为没有制定具体的、明确的人才发展规划目标，也没有将有限的资源用在刀刃上，致使人才培养缺乏针对性。

4.4.1 聚焦战略与组织能力提升

行动学习法之父雷格·瑞文斯曾说过："一个有机体要想生存下来，其学习的速度必须大于或等于环境变化的速度。"当今时代，外部环境的变化速度越来越快，一个企业要想生存下来并实现持续不断地发展，对人才能力的要求必须根据岗位要求不断地动态调整，使企业的人才培养要做到与时俱进。

企业在进行人才发展规划时，如果只是基于现有的业务来培养人才，那么培养出来的人才也就只具备解决当下问题的能力，很难创造超出现有组织能力的新增长。从这个角度来看，企业要想长远地发展，在人才培养上就要具有战略眼光。因此，基于企业的战略目标来提前规划人才培养显得尤为重要。

2008年，经济危机来临，不少企业开始裁员减编、削减预算，希望在经济危机中幸免于难。这时，阿里巴巴制定了"深挖洞，广积粮"的战略，推出了一系列自身业务架构调整和帮助中小企业客户渡过难关的措施，并决定增加培训预算。2009年，阿里巴巴投入了巨大的培训预算，用于大幅度提升阿里巴巴员工在各个岗位的职责能力与要求。其中，阿里巴巴将管理人员和人力资源部门人员定位为培训的关键对象，因为这两类人员如果在危机培训中得到提升，将给全体员工的提升和成长带来最直接的影响。同年，阿里巴巴还推出一个针对老员工的"358学习修养计划"，公司投入几千万元的预算给在公司服务满3年、5年、8年的员工进行为期10天的脱产带薪培训。

阿里巴巴围绕企业战略需要开展人才培养，即使在经济危机的大环境下，仍然在人才培养上持续投入，这为阿里巴巴培养了大批人才，使它能够抓住经济复苏期的市场机会，获得快速发展。

由此看来，企业在制定人才发展规划时，首先要从组织的视角对人才发展做整体诊断，明确支撑战略实现的组织能力是什么，然后在人才发展计划中聚焦培养能够提升组织能力的人才能力。

华为作为一家技术创新型公司，能在通信行业激烈的竞争中保持领先地位，依靠的是技术和服务，它的组织能力就是技术创新和卓越服务。因此，在制定人才发展规划时，会重点关注人才的专业能力、创新能力、服务意识以及艰苦奋斗的精神。为此，华为不仅在招聘时会通过专业的面试方法和流程，挑选那些成绩好、专业能力强、服务意识好、有艰苦奋斗精神的人，而且在内部人才发展的过程中，也会针对各类岗位设置专业的培训项目和课程。此外，华为还鼓励员工和外界交流，如参加技术论坛，其"一杯咖啡吸收宇宙能量"的文化理念影响深远。

在开展人才培养前，企业要明确以下问题。打造实现企业战略所需的组织能力，企业需要怎样的人才？他们必须具备怎样的能力和特质？现有人才的差距主要在哪里？在此基础上，制定人才培养的目标，使人才培养能够对组织战略形成支撑。

有很多成功的企业也和华为一样，对企业自身的组织能力有深刻的认识，并能够根据组织能力对人才能力提出要求。

某知名企业是一家典型的技术领先型公司，追求不断在技术上取得突破，专业和创新能力是公司的重要组织能力。基于自身的发展需要，该公司在对人才能力的要求上更注重专业和创新，其中专业是指要做到极致领先、深度探索和引领趋势，创新则是指要能够进行原创性和颠覆性的创造。

为了增强组织能力，该公司在招聘的时候，坚持只招收精力充沛且聪明的人，这些人必须要有专长，并能够跳出思维局限去思考，有主动创造的愿望。其中国区总裁曾说过："公司的业务范围越来越广泛，所以需要多方面的人才。从过去的经验看，那些真正能从工作中得到乐趣而不是仅仅为了拿钱的人能干得更好。所以我们招收的人都精力充沛、聪明，聪明人能吸引聪明人。他们把公司当作自己的公司，所以他们能把自己的想法说出来，公司也鼓励他们这样做。他们都喜欢变化，因为这个行业的变化越来越快。他们还能明智地冒险，愿意对自己行为的结果进行评估。"

在人才发展上，该公司不仅通过职业生涯规划为这些人才创造广阔的发展空间，还非常重视员工的事业发展计划和培训，规定每名员工每年必须花费一定时间进行培训，每名员工都有义务制订自己的事业发展计划，而公司会通过培训、提供实践机会等方式，帮助员工去不断提升能力和技能。

不同的企业，组织能力会有不同，支撑组织能力的人才能力也有差异。只有符合企业发展需要的人才能力，才能帮助企业创造价值，让企业实现成功。

人才培养的最终目的是为企业战略服务的，因此，企业在制定人才培养目标时，要注意平衡企业发展与人才培养。如果企业的发展速度持续高于人才的发展速度，会出现人才青黄不接、人才断层等现象，导致人才无法支撑业务的发展，企业也无法抓住一些好的市场机会。如果人才培养速度高于企业的发展速度，就会出现企业培养了一大批人才，却无法给这些人才提供足够的发展机会的情况，"英雄无用武之地"，最终反而会造成人才的流失。

4.4.2　优先考虑关键人才的培养

许多人力资源部门（HR）在制订年度人才培养计划时，往往会被这样一个问题所困扰：各部门都有人才培养的需求，然而企业给的预算有限，无法全员兼顾。在这种情况下，HR该如何平衡与取舍？

根据二八定律，20%的关键人才决定了企业80%的业绩。企业的资源是有限的，在资源有限的前提下，要将资源用在刀刃上。因此，HR应优先考虑20%的关键人才的培养，优先满足关键人才队伍规划的需求。

产品研发能力及创新力是腾讯公司在市场竞争中制胜的组织能力。腾讯公司深知产品经理人才是支撑这两项组织能力的关键人才，所以不惜投入重金对其进行培养。

腾讯公司每年都会从高校招聘一批优秀应届毕业生进入产品经理队伍，并遵循"总体规划，统一实施"的原则，设置产培生项目，即通过定制招聘、轮岗培养、定向分配机制，在 2 年内加速高校毕业生向优秀产品经理成长。

从产培生签约到入职后的 2 年时间里，腾讯公司通过"启航计划"4 大锦囊（启航预热季、启航实验室、启航轮岗制、启航加油站）助力产培生成长为优秀的产品经理，如图 4-8 所示。

图 4-8　腾讯公司产培生"启航计划"的 4 大锦囊

此外，腾讯公司将优质资源向产培生倾斜，为产培生提供超强培养阵容，实施"三师辅导"，全方位、多维度地关注产培生成长，如图 4-9 所示。

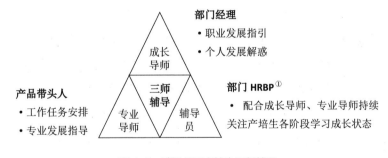

图 4-9　腾讯公司产培生三师辅导

注：①英文全称为 Human Resource Business Partner，即人力资源业务合作伙伴。

当然，在高投入的同时，腾讯公司也对产培生提出了更高要求：高挑战、高压力、高责任，对产培生进行积分制、沟通制、出池制管理，建立完善的项目运营机制对项目进行管理。

此外，腾讯公司建立了产品经理成长的全景图，产培生成长为优秀的产品经理后，在晋级的过程中，还可以接着参与"飞跃计划"和"腾飞计划"

的人才培养项目，完成相应的课程学习，直至成为核心产品经理，如图 4-10 所示。

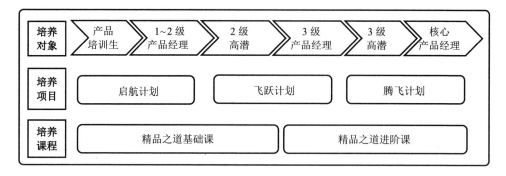

图 4-10　腾讯公司产品经理成长全景

在互联网行业内一直有这样一种说法："腾讯靠产品、百度靠技术、阿里靠运营。"腾讯公司的产品方法总是被业界所称道，有腾讯公司工作背景的产品经理非常受欢迎，是各大互联网公司"挖角"的对象，这在很大程度上得益于腾讯公司对产品经理的持续培养，而腾讯公司也正是因为有一批批优秀的产品经理，所以能够持续靠产品在市场上保持竞争优势。

关键人才往往很难在行业市场中直接获取。一方面，关键人才往往都是竞争对手内部"重点保护"对象，企业如果想挖取就必须花费很大的精力或成本；另一方面，关键人才的培养周期长、技能复制难度大，需要持续投入进行培养。因此，很多优秀企业都会建立自有的关键人才培养模式，保障关键人才的供给。尤其是在人才培养预算有限的情况下，更要优先关键人才的培养。

对于剩余的 80% 的人才，也要进行培养，但是培养要更聚焦，培养策略应当是普适性地提升他们的职业能力，注重对核心能力的打造，不能漫无目的地分配培养资源。

4.4.3　持续提升投入产出效益

在明确人才培养的目标和重点培养对象后，企业要围绕目标和对象做整体的人才培养规划，选择合适的人才培养技术和方法，持续提升人才的投入产出效益。

在人才培养上，企业要避免陷入以下 3 个误区。

1. 培训 = 培养

有的企业把培训等同于培养，认为开展人才培养就是要不断地开发和引进课程，组织员工学习各种各样的培训课程。

实际上，培训是培养的一种重要方法和手段。而培养是一个系统工程，需要综合运用授课、带教、实践历练、挑战性任务等多种人才培养技术和方法。另外，培训是一种常态化的管理活动，其目的主要是帮助企业解决当下面临的具体问题，导向短期结果。而培养是持续性的，着眼于未来，为企业的发展储备人才。

2. 参加 = 参与

有的企业认为参加就是参与，致使人才培养的许多活动流于形式。

例如，某企业从企业外部邀请老师给企业管理者做管理技能提升培训，为了让这笔钱花得更值，老板要求企业的全体员工都要来参加培训。其结果是培训的到场率为 90%，培训的通关率却只有 60%。这是因为培训的内容和企业大部分员工的工作相关度不大，许多员工都是人到了心未到，并且这部分员工的学习状态也给真正的培训对象——管理者们带来了负面影响。此外，有的企业建立了导师制，给关键人才配备导师，要求导师每月对员工进行辅导，并反馈辅导结果。然而，由于企业疏于过程管控或者配套措施不完善等，导师制有名无实，流于形式，变成了每月底填表上交的一个例行动作。

参加只是一个动作或一种经历，而参与要求用心投入，达成成果。人才培养要产生效果，离不开相关人员的深度参与。因此，在做人才培养时，企业一方面要了解培养对象的需求，设计针对性的培养方案和实用的培养内容；另一方面也要做好过程管控，健全相关制度和机制，为人才培养的顺利开展提供保障。

3. 立即投入 = 立即产出

十年树木，百年树人。有的老板过于关注短期的人才投入产出效益，效益不好就缩减投入，甚至否定人才培养。实际上，人才培养是一场持久战，往往需要一定的时间周期才能看到效果。这要求企业必须根据自己的战略提前进行人才布局，搭建人才梯队，以便在企业真正需要用人时，产出合格的人才队伍。

综上所述，要想提升人才的投入产出效益，企业就要提前根据战略进行人才布局，根据培养对象的特点和需求，制定针对性的培养方案和实用的培养内容，综合运用多种人才培养的方法和技术，形成整体的人才规划，并从制度和机制上进行保障，使培养对象在培训过程中深度参与进来。

4.5　构建系统化的人才培养体系

明确人才培养的目标后，企业就要搭建人才培养体系，通过系统化运作来保障人才培养的效果，促进人才培养目标的达成。

4.5.1　设计分层分类的赋能项目

企业内部不同级别、不同类别的岗位职责不同，对人才的能力要求也是不同的。因此，在搭建人才培养体系时，企业必须要考虑不同层级和不同部门之间的差异性，设计分层分类的赋能项目，使人才培养更具有针对性。

华为针对不同层级的人才设计了不同的培养项目，例如，面向后备干部的青训班项目、针对一线管理者的 FLDP 项目、面向高级管理者的高研班项目，而且还会根据公司不同发展时期的需要，针对关键岗位和关键人群设计一些培养项目。

这些分层设计的人才培养项目，让公司不同层级、不同职类的员工都能够明确自己的发展方向，清楚自己可以申请的培养项目。而且如果经过选拔之后不能参加自己意向的项目，还可以申请其他培养项目，这样就能为公司发展提供所需的多层次、多种类的人才。

很多企业非常重视人才培养，并且在人才培养的顶层设计中也体现了分层设计的原则。阿里巴巴也是基于分层分类的原则搭建培训体系，如图 4-11 所示。

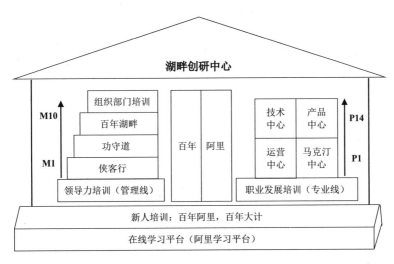

图 4-11　阿里巴巴湖畔创研中心人才培养体系

阿里巴巴将人才培养分为三大类：新人培训、管理线培训、专业线培训。

人才培养框架底部是新人培训，新人培训又分为针对中后台人员的"百年阿里项目"和针对销售人员的"百年大计项目"，这些项目的培训时间均为一个月，半个月培训文化，半个月培训专业。

人才培养框架左边是管理线人才培养，根据管理层级分级划分：基层管理者适用于"侠客行"培养项目；中层管理者适用于"功守道"培养项目；高层管理者适用于"百年湖畔"培养项目；组织部门培训则是对选拔出的优秀管理层干部专门设置的培养项目；领导力培训则适用于所有管理线人员。

人才培养框架右边是专业线人才培养，分为四大类：培养技术人才的技术中心；培养产品人才的产品中心；培养运营人才的运营中心；培养市场人才的马克汀中心。

很多企业在人才培养上虽然投入很多，但是收不到很好的效果，很大的原因就是在人才培养项目的顶层设计中，没有针对不同层级的人才进行分层设计。一个行之有效的人才培养项目必定是能做到有的放矢，能根据不同人才在不同阶段要承担的责任和岗位的不同能力要求，并结合其个人发展计划中需要发展和强化的地方，有针对性地提供相应专业能力和管理能力两方面的培训。

4.5.2　基于胜任力模型搭建课程体系

课程是培训体系中的核心资源。企业在搭建课程体系时，要以各类人才、不同层级的胜任力模型为依据。这样一来，管理者可以清楚下属能力提升的阶段和需要提供的帮助与指导，员工也能知道自己成长的路径和每一步成长所需学习与掌握的内容。

通用电气公司建立了各岗位的素质模型，将组织多年沉淀下来的与岗位素质模型相关的知识开发成线上课程，放到了 E-Learning 平台，然后给学员制定学习要求和分配学习账号，让学员登录平台进行自主学习。

腾讯公司将干部培训课程分为了两部分：基层干部培训课程和中层干部培训课程。除了为员工提供丰富的通用技能培训课程，腾讯公司还针对不同专业族群提供不同的职业技能类培训课程，将专业族群的培训课程分为四个部分：技术族培训、市场族培训、专业族培训、产品／项目族培训。

通常来讲，课程体系中包含三大类课程：通用类课程、专业类课程和管理类课程。

1. 通用类课程

这类课程的学员对象是全体员工，内容主要包括企业的应知应会、职业技能与素养等相关的课程，如企业文化课程、高效工作方法课程、人际沟通课程、职业意识培养课程等。

2. 专业类课程

这类课程的学员对象是各个专业条线的专业岗员工，学习内容是各专业能力模型所含能力要素对应的必备知识与岗位活动所需基本技能，包括业务技能、操作技能等专业能力课程，如销售管理课程、产品研发与创新课程、人力资源管理课程等。

3. 管理类课程

这类课程的学员对象是各层级管理者和后备管理者，学习内容有管理能力课程、团队管理课程、战略管理课程、领导力提升课程等。

招商银行培训中心课程体系围绕"新员工、专业条线、领导力"三大培训体系搭建，以支撑招商银行各层级、各岗位员工的学习发展需求。新员工课程主要包括招银文化、职业素养、业务基础三个方面；专业条线课程从横向划分包括信息技术、信用风险、零售金融等不同业务类型的内容，各类课程纵向分为初、中、高三个级别；领导力课程从横向划分包括管理自我、管理业务、管理他人三个维度，纵向分为从新任管理者到分行行长七个层级。

对照岗位胜任力模型，培训管理者可以找到和确定能够帮助各类员工达到能力任务标准的课程，从而形成基本的课程清单。然后对课程清单进行定义和规划，包括课程目标、内容架构、课程来源、开发策略、实施形式、讲师配置等方面，从而为之后的学习地图设计提供足够的信息和明确的指导。课程体系模板如表 4-11 所示。

表 4-11　课程体系模板

序号	能力标准 / 任务标准	课程名称	课程定义
1			
2			
……			

值得注意的是，构建课程体系的重点不在于罗列课程名称，而在于描述清楚与课程相关的细节。

4.5.3　建立关键岗位的学习地图

企业的关键岗位具有较大的战略价值，并且可替代性小，外部稀缺性高，为此企业必须投入资源来培养关键岗位所需的人才，为企业的战略实现提供人才保障。构建关键岗位学习地图就是培养关键岗位人才的最有效方式之一。

所谓学习地图，就是指以员工能力发展路径和职业规划为导向而设计的一系列学习活动，体现了员工在组织内学习、发展的路径。学习地图对于员工来说，不仅仅是课程体系，更是关键岗位学习目标的指引，而课程只是学习内容的载体之一，是学习项目中的一个环节。

腾讯学堂 Q-Learning 平台为每个员工都配置了"个人学习地图"。"个人学习地图"将员工的个人职级、发展通道、素质模型与课程匹配，员工进入系统就可以知道自己该学习什么课程。"公司学习地图"则将整个公司的职级序列、发展通道、素质模型与课程匹配。这样员工可以根据"公司学习地图"，确定未来的发展方向和目标并选择适用课程。而借助于该平台，培训部门也知道应该开设什么样的课程。

学习地图的特点主要包括三个方面。第一，实现从战略到学习的传递。将组织战略、员工个人发展以及培训学习管理，作为绘制学习地图的依据。第二，考虑员工的长远职业规划。学习地图不仅让员工学习某个岗位上的知识和技能，也将其职业生涯的纵向和横向发展纳入学习框架。第三，更加全面的学习过程。过去的培训课程比较僵化，倾向于单向灌输，而学习地图则涉及需求分析、培训实施、效果评估和绩效提升的全过程。学习地图的涉及范围如表4-12 所示。

表4-12　学习地图的涉及范围

涉及范围	维度	具体说明
学习主体	学习者	作为学习活动的主体，学习者本身具有多种特性和偏好。对学习者的分析，是确定学习方式的重要依据
学习客体	学习内容	一般而言，学习内容由学习者或岗位能力的需求得来。对学习内容的分析也是确定学习方式的重要依据
	学习方式	学习方式属于客体范围，要适应学习者和学习内容的特点和要求。传统的面授课程属于学习方式的一种，但还有很多其他的学习方式可以应用
学习效果	随课评估	在学习活动结束之后，马上进行的评估行为可以分为对学习活动和对学习者两方面的评估
	后续跟进	即学习活动结束后较长时间的跟踪行为。这既可以是学习过程的延续、对学习效果的加深，也可以是对学习效果向绩效转变的评估

学习地图为员工能力的提升制定了针对性和多样化的学习项目，精准匹配员工或岗位的能力需求，能够从更高的层面来实现对员工学习的支持。某企业

区域经理岗位学习地图（部分）如表 4-13 所示。

表 4-13 区域经理岗位学习地图（部分）

序号	任务模块	知识点 / 技能	面授项目		自学项目		在岗实践	
			项目名称	时长	项目名称	时长	项目名称	次数
1	制订市场规划	制订并分解年度目标	区域年度商业计划规划	120分钟	典型区域商业计划	30分钟	制定某区域年度分解目标；回顾并分析上季度业务完成情况	3次
2		制订年度费用预算规划	年度费用预算规划	120分钟	企业费用管理制度	30分钟	针对某客户模拟制订月度费用使用计划及说明；回顾并分析上季度费用使用情况	3次
3		制订动销方案	动销方案疑难应对	120分钟	销售与市场、连锁门店公众号及App	30分钟	评估并反馈下属制定的适合本区域的动销方案的效果	3次
4		制订渠道规划	区域终端渠道规划	120分钟	书籍《渠道为王》	30分钟	区域渠道梳理，包括升级或淘汰	3次
5	制订客户年度方案	制订客户分类管理方案	各类型渠道客户的深度分析	120分钟	客户信息分析表	30分钟	收集、整理、分析已有客户信息	3次
6		制订联合生意计划	区域联合商业计划的制订与执行	120分钟	联合商业计划手册；战略产品的合作计划	30分钟	制订并执行联合商业计划，跟进过程，反馈结果	3次
7		制订终端培训计划	区域终端培训计划制订	120分钟	企业培训管理手册	30分钟	会议现场模拟培训以及参与课程开发	3次

第 5 章
赋能项目与课程开发

　　人才培养的最终目标，是要实现"知识—技能—行为—业绩"的转化。为实现这个目标，我们需要专门开发相关培训项目，为不同层级人才提供服务。那么，如何设计不同类型的培训项目？如何完成学习课程的开发？怎样保证培训的效果？本章主要阐述不同的赋能项目设计及课程开发方法。

5.1　企业视角的赋能项目

在企业培训中，战略和文化项目是覆盖面最广、影响度最大的赋能项目。而赋能项目的成功与否关系到培训管理者能否获得企业高层和内部员工的信任。

5.1.1　战略项目的设计

一般来说，战略项目的关注要点有两个：目标客户与利益相关者、项目成果产出。

一、目标客户与利益相关者。战略项目的发起人通常是企业或业务板块的一把手，解决他们的困惑是战略项目的主要目标。除此之外，企业高层管理团队的支持也是影响战略项目成功与否的重要因素。有些企业还设置了专门的战略管理部门，如何平衡他们在战略项目中的角色，避免给项目实施带来阻碍，也是培训管理者的重要关注点。

二、项目成果产出。培训项目的目标与成果产出大致可以分为有形化产出、认知型产出和关系型产出[1]。有形化产出主要指可文档化的具体工作成果，如培训需求分析、项目实施方案、项目开展计划、项目评估结果等；认知型产出主要指学习和掌握新的知识、方法、工具和技能等；关系型产出主要指人际关系或团队氛围发生的变化，如跨部门协作等。战略项目的成果产出主要是有形化产出和关系型产出。因此，战略项目的评估要点也是围绕这两个方面展开的。

电商行业 A 公司总经理提出，行业竞争越来越激烈，完成年度战略目标的难度也是日趋增加，希望各部门想想有什么办法来促进年度目标的达成。基于此，A 公司人才发展中心负责人想要创建一个培养项目，以提升公司管理人员高效管理并推动业务的能力。通过团队共创，A 公司人才发展中心最终设计的培养项目"战略共创与解码工作坊"如下。

---

[1] 石基延，王婷婷. 战略视角的培训管理全景图 [M]. 北京：电子工业出版社，2021.

（1）项目开展形式

人才发展中心首先明确项目以工作坊的形式展开，确保有可落地的成果输出。

（2）参与对象

参与对象包括公司中高层管理人员、绩优员工。

（3）项目内容

项目内容包括三个方面。一、战略解析。剖析组织现状，厘清公司战略目标，锁定年度核心目标任务。找出影响战略实现的关键因素，在充分研讨、交流的基础上，形成战略落地路径图。二、目标分解。根据战略落地路径图，细化出一个个关键任务，并明确各核心任务的实现策略、所需资源，最终输出基于关键策略的行动计划并达成共识。三、任务承诺。各级责任人员确认自己职责并作出承诺。

（4）考核与激励

为确保员工学习过程的投入度，项目组通过严格考核学员出勤率、通过积分制度与评优评先机制等方式，激发员工的学习积极性。

（5）成果输出

从任务项目、业务条线两个角度最终输出基于各项目、各条线的《年度核心工作任务及行动计划》。

在整个项目设计中，我们可以总结出以下关键点。

（1）重视团队共同创造。有效的战略是需要多数人参与的，而不是精英的战略。通过团队共识和承诺，促进员工对战略问题的思考，从而找到最佳的战略实现路径。

（2）强调战略落地执行。很多企业都是高层提出战略目标，然后交由中层和基层去执行，这样往往是没有效果的。以项目共创形式，对战略进行逐层解码，拆解成一个个任务项目和行动计划，确保战略的可落地性。

为了扩大战略项目的影响力，培训管理者要做好项目宣传工作，包括项目前期宣传造势，如召开项目启动会、制作项目宣传片等，吸引大家对培训项目的关注；项目过程持续宣传，如展示项目细节、相关人员获奖瞬间、项目报告等成果，向员工和领导传递培训价值。

值得注意的是，战略项目的宣传推广，不仅仅是为了延续项目和扩大项目影响范围，更是为了充分展示培训部门的价值主张与培训定位。

5.1.2 文化项目的设计

企业文化能否得到全员的理解、认同和遵守，进而转化为员工的行为自觉，很大程度取决于企业文化教育培训是否到位。

可以说华为人只要在华为一天，就要接受一天的华为文化的教育。新员工进入华为后，会进行为期180天的培训。在培训期间，新员工会对华为的企业文化有一个全面的认识，在以后的实践中还会不断加深这种认识。华为文化教育并不是新员工培训结束后就结束了，员工上岗后，华为员工培训中心还会以"训战结合"的形式培养员工的专业能力。不仅如此，华为还安排了各种各样的活动来提高大家的思想认识，如拓展训练、各种总结和动员会议、各部门活动等。

华为正是通过长期的、持之以恒的企业文化教育培训，让员工的思想认识跟上华为发展的步伐。要促使员工了解、认同企业文化，企业文化培训工作就要如华为一般，将企业文化教育培训贯穿于员工职业活动的始终，反复抓、系统宣传，让员工一步步地深入理解、融通文化理念，最终内化为自己的思想观念，重塑自己的观念和行为。

1. 灵活运用5W2H法

在设计企业文化培训项目时，培训管理者可以灵活运用5W2H法，提高培训工作的条理性、针对性、时效性，让企业文化在教育培训中得到有效传播和传承，具体如表5-1所示。

表5-1 培训的5W2H法

维度	具体描述
Why	为什么要开展企业文化培训项目
What	企业文化培训项目需要解决哪些问题，即培训内容是什么

续表

维度	具体描述
Who	以谁作为培训对象
Where	培训的场地选择
When	企业文化培训项目的时间选择
How	怎么做培训？即培训的方式
How Much	培训要进行多久？做到什么程度？预算支出是多少

（1）Why：为什么要开展企业文化培训项目？只有明确好企业文化培训项目开展的原因，才能让培训工作对准需求，有目的地进行，避免盲目。

（2）What：企业文化培训项目需要解决哪些问题？即培训内容是什么。这需要根据企业文化建设的实际情况来作答。一般而言，企业要根据人员层级素质状况和职能需求，有针对性地选择培训课程，制订培训计划，做到"干什么学什么，缺什么补什么"。

（3）Who：以谁作为培训对象？企业文化建设需要企业不同部门、不同层级的人共同参与。而针对高、中、基层管理者以及不同部门员工和新进人员等不同培训对象，应采用不同的组织培训方式。

（4）Where：选择什么样的场地进行企业文化培训？培训场地应该根据培训对象的团体规模和培训形式来确定。为了保证学员之间、学员与讲师之间能够进行良好的互动，从而塑造出相应的环境氛围，一般不宜选择过于空阔的环境，即使是规模庞大的组织团队，在参与培训时，也要划分成小的职能单位来进行。此外，培训不能拘泥于课堂，要充分利用实践教学基地、会议室、实训室、线上课堂等不同的培训场所，增强培训的趣味性。

（5）When：选择什么时间进行企业文化培训？在具体进行企业文化培训项目设计时，培训管理者应根据各培训对象的工作计划与安排，在课程设置、授课方式、授课时间等方面进行科学、合理的策划和安排。值得注意的是，单次培训的时间不宜过长，过长的培训时间会使培训效果大打折扣。

（6）How：怎么做培训？即培训采用何种方式。根据不同的培训对象，选择不同的培训内容和培训方式。采取讲授式、案例式、研讨会、情境教学、单点式教学、体验式教学、互联网数字化教学等形式多样的培训方式，可以增强课堂的知识性、科学性、趣味性，增强培训效果。

（7）How Much：培训要进行多久？做到什么程度？预算支出是多少？在具体设计企业文化培训项目时，培训管理者要对培训的规模、预算等做好详细的规划，避免资源浪费。

2.有针对性地设置培训内容、培训方式

在设计企业文化培训项目时，培训管理者还要结合不同的培训需求，有针对性地设置培训内容、培训方式。

（1）根据不同人员层次针对性设置培训内容。不同层级的员工需要学习和关注的内容是不同，就像迪士尼新、老员工的培训内容也是有所区别的。一般来说，高层领导需要关注企业文化的本质，企业文化中创新与传统的关系、企业文化与战略和核心竞争力的关系，以及如何实施文化变革等内容；中层管理者主要关注将企业文化与管理技能相结合的问题；基层员工则需要充分理解企业的文化理念，并将其体现在工作中；新入职的员工则要从了解企业的历史文化、先进人物事迹、个体行为规范开始。

（2）根据不同部门针对性设置培训内容。不同部门的职能、业务需求不同，因此，在企业文化培训上也需要结合不同部门的实际情况有针对性地设置培训内容。例如，营销部门需要了解企业文化与品牌建设、促销推广、广告公关等的关系；人力资源部门需要了解企业文化如何与招聘、培训、考核、薪酬、激励、奖惩、任免等内容有机结合；生产部门需要了解企业文化如何体现在工艺设计、质量控制、流程改造、操作规范等环节；财务部门则需要了解企业文化在投资融资、预算决算管理、成本控制等方面的应用……

（3）根据不同内容针对性选择培训方式。培训方式多种多样，每种方式都有自己的优点，要根据具体的培训内容和对象来选择。比如，讲授式一般适合针对高层的比较理论的课程；活动、游戏式则适合需要感悟和体验的课程；研讨式更适合需要员工对某一问题进行深入探究，并达成共识的课程等。

只有系统地思考和回答"对某一部门、某一级别的员工群体应采用什么样的培训方式？从哪些方面做培训？"这些问题，才能确保企业文化培训项目取得实实在在的效果。

5.2 职业发展与培训项目

为帮助员工提升专业能力，实现职业发展目标，企业应该为员工提供专门的职业发展项目和培训项目，包括新员工培训项目、领导力发展项目、专业人才培养项目等。

5.2.1 新员工培训项目

很多企业通常会面临这样一些思考。

➢ 上下同欲：如何让新员工和企业统一愿景，保持共同立场，快乐地工作？

➢ 激发斗志：如何激发新员工斗志，让他们自发和企业一起走向成功？

➢ 提升能力：如何解决新员工能力与企业发展需求不匹配的问题？

➢ 结果导向：如何打造一支结果导向、信守承诺、使命必达的职场铁军？

新员工培训项目就是用来解决这些问题的，通过相关培训，打造一支职业化的员工队伍。

从企业角度而言，开展新员工培训项目的好处有三点。第一，统一管理语言。通过培训让新员工形成标准的职业化沟通习惯和行为风范，减少沟通障碍，提升组织工作效率。第二，激发新员工危机感。通过学习和培训，给新员工创造危机感，激发新员工工作潜能。第三，保持组织活力。用培训不断提升新员工技能，充分发挥新员工效能，确保组织保持持续领先的组织活力。

从新员工角度而言，开展新员工培训项目的好处有两点。第一，快速融入岗位工作。赋能组织和新员工，帮助新员工快速适应新的环境和岗位，顺利进入工作角色。第二，塑造职业化素养。帮助新员工培养良好的职业态度和专业精神，以积极的心态融入团队，为未来职业发展打下坚实的基础。

以下是笔者为某企业设计的新员工培训项目。

新员工培训解决方案主要是解决新员工进入企业将会面临的"企业人""岗

位人""职业人"三次转型，培养能快速为企业所用的应用型人才，如图5-1所示。

图 5-1　新员工培训项目方案构建逻辑

结合培训需求和目标，新员工培训项目的主要培训环节和内容如表5-2所示。

表 5-2　主要培训环节和内容

能力培养	企业人	职业人		岗位人	职业人		
学习阶段	文化融合	集中授课（一）		岗位学习	集中授课（二）		结业晚会
学习内容	**1.资料学习** 《公司规章制度》 《员工手册》 《企业文化》 《公司产品介绍》 **2.文化活动** 文化体验活动 与上级沟通谈心 举办欢迎会 老员工经验分享	第一天上午	开营仪式、团队组建、互动游戏	**1.资料学习** 《岗位说明书》 《岗位工作手册》 《岗位工作流程》 《岗位工作标准》 **2.岗位工作** 安排具体工作任务 及时跟踪工作状态 时时纠正和反馈	第一天上午	职场商务礼仪	**1.**总经理赠言 **2.**导师发言 **3.**优秀学员分享经验 **4.**颁发优秀学员证书
		第一天下午	军训拉练		第一天下午	小组展示赛：规定商务情境，分小组进行练习、展示	
		第一天晚上	内部分享：工作感受、困惑、收获等		第一天晚上	集体活动：拔河、跳绳、接力赛	
		第二天上午	授课：阳光心态与乐在工作		第二天上午	体验式项目：驿站传书	
		第二天下午	授课：责任胜于能力		第二天下午	人际交往与沟通	
		第二天晚上	体验式项目：胜利大逃亡		第二天晚上	敞开心扉：沟通问题并进行反思	
		第三天上午	体验式项目：七巧板		第三天上午	时间管理与工作效率提升	
		第三天下午	授课：职场高效执行力		第三天下午	体验式项目：盲人摸号	
		每天安排早操，所有学员无特殊情况，不得缺席			每天安排早操，所有学员无特殊情况，不得缺席		

（1）文化融合阶段。新员工通过学习《公司规章制度》《员工手册》等资料以及参与文化活动等，快速了解企业，融入企业。

（2）集中授课阶段。集中授课分两阶段进行，通过知识授课、体验式项目、集体活动等，让新员工掌握不同的职业技能。

（3）岗位学习阶段。通过资料学习让新员工了解岗位工作内容，同时跟踪和指导新员工的岗位实践，给予他们及时的纠正和反馈。

对企业而言，该项目的价值有三点。第一，提高员工留存率。系统化地培养员工，充分激发员工的潜能，让员工感受到被重视、被信任，从而产生责任感和凝聚力，降低员工离职率。第二，提升员工岗位胜任力。传授人际关系沟通等职业技巧、科学的工作方式及解决问题的基本方法，全方位提升员工能力，以适应岗位职责的要求，快速融入岗位工作。第三，发挥人力资源价值。择优汰劣打造一流员工队伍，以确保有限的人力资源在企业发展过程中持续发挥其价值，让每一份薪全都发挥相应的能量。

另外，为了确保培训效果，我们在新员工培训项目中加入导师计划，项目班主任、直接上级、内部导师将聚焦课程学习目标和知识点，全程跟踪辅导，使新员工"学之透"。

（1）项目班主任。跟踪新员工学习情况以及实践转化问题点，按月度整理清单，定期组织线上会议研讨，与外部顾问、直接上级、内部导师一起帮助学员完成学习转化。

（2）直接上级。负责把握方向，为新员工提供必要的支持。比如，日常辅导、绩效辅导以及及时反馈等。

（3）内部导师。为新员工提供特定知识经验的分享和指导，及时回应新员工的求助。

有些大型企业，针对新员工的培训项目还会分成校招新员工培训项目和社招新员工培训项目。校招新员工培训项目旨在提升新员工岗位胜任力，保留和培养人才，其培训内容多以行业、企业、岗位知识及技能培养为主；社招新员工培训项目旨在让新员工了解企业、认同企业文化并融入企业，其培训内容以企业文化、工作方式等为主。

这样一来，两类培训项目在培训方式上也会有所不同。校招新员工培训项目更关注员工对学习内容的理解与掌握，因此需要设计一些促使学习转化的环节；社招新员工培训项目更注重新员工之间的学习交流与碰撞，因此在社招新员工培训项目实施过程中可设计一些工作任务模拟的环节。

5.2.2　领导力发展项目

如何建设一流团队、如何有效管理、如何让管理转换为效益等成为当今企业研究的重要课题。笔者发现，许多一线管理者面对企业中的各类问题常常感到力不从心，他们亟待更系统地提升自己的领导力，从而更有效地进行管理工作。领导力并不玄乎，也不复杂，它的核心是"人"，领导力就是研究管理者如何带领员工完成任务的一门学问。

以下是笔者为某企业设计的高层领导力提升项目。

项目首先明确要培养的目标岗位及其领导力标准，并依此建立目标岗位的领导力模型，如图 5-2 所示，从而识别培训方向，使培训更具针对性。

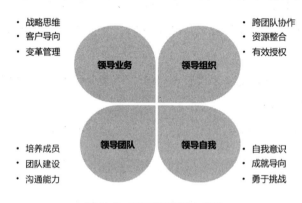

图 5-2　高层岗位领导力模型

然后围绕高层领导力模型，匹配相应的核心课程，据此展开针对性赋能，在发展管理者领导力的同时，促进绩效的提升，如表 5-3 所示。

表 5-3　高层领导力发展项目课程体系

课程模块	课程	能力培养
领导业务	企业战略管理实践	战略思维、变革管理
	变革管理	创新能力、理性决策
领导组织	有效授权管理	跨团队协作、资源整合
	克服团队协作障碍	有效授权、创新能力
领导团队	高绩效团队建设与管理	团队建设、发展他人
		沟通能力、团队统筹
领导自我	卓越领导力修炼	自我意识、勇于挑战
		成就导向、创新能力

除了集中课程学习，高层领导力发展项目中还包括自主学习、在岗实践、辅导反馈计划、经验分享等任务。训战结合的学习方案如图 5-3 所示。

学习前	入营测评	问题导入	书籍自学	标杆学习	视频学习	心态调整	主动思考
学习课程	**领导业务** 企业战略管理实践 变革管理	**领导组织** 有效授权管理 克服团队协作障碍	**领导团队** 高绩效团队建设与管理		**领导自我** 卓越领导力修炼		正式学习
学习后	一课一测	实践作业	案例研讨		心得分享		转化提升
工作实践	管理者反馈计划	在岗实践	经验分享		领导力测评		巩固强化
持续的导师指导							

图 5-3　训战结合的学习方案

从企业角度来说，高层领导力发展项目的价值有三点。第一，打造一支符合企业领导力要求的高战斗力的领导人才梯队，为企业业务发展培育管理人才。第二，丰富企业对高层的赋能手段，充实企业赋能体系；第三，赋能高层管理者，提升其领导力，助力企业实现更好发展。

从管理者角度来说，高层领导力发展项目的价值有两点。第一，提升高管对企业的向心力和归属感，促进形成良好的企业文化；第二，系统提升高管的领导效能和领导素养，以更好地应对业务挑战，促进业绩的提升。

在该项目中，我们还借助测评工具全程观察学员的学习状态和变化。

（1）入营测评。在学习前，开展领导力 360 度测评，帮助学员全面认知自我，增强学习和改变的意愿。

（2）训练营测评。在培训过程中，通过课后测试、角色扮演、管理游戏等多种测评方式强化学习效果，并识别出表现优秀的学员与表现不足的学员，进行重点关注。

（3）结业测评。在培训项目结束时，通过成功经验分享、组织氛围测评等方式检验学员的学习成果和学习收获。

上述介绍的是高层领导力发展项目，除此之外，企业还有中层领导力发展项目，它的设计逻辑与高层领导力发展项目并无太大差异，关键在于发展重点、具体操作策略等方面的不同。

5.2.3　专业人才培养项目

在培训需求分析阶段，培训管理者经常会听到这样的反馈：销售业绩不佳，希望通过培训提升销售人员的业绩；生产效率低下，希望通过培训提升生产效率……这些是我们发起专业人才培养项目的源头，但并不等同于培养项目的目标和产出标准。因为单靠培训并不能解决这些问题，而是需要管理、运营等多方共同发力。

专业人才培养项目一般可以分为五个步骤。

（1）确定岗位标准。明确目标岗位，以及目标岗位的人才标准及能力标准。

（2）搭建学习体系。围绕岗位标准，构建课程体系、学习路径等内容。

（3）开发学习资源。有针对性地开发学习体系中的课程、学习转化手册、测评等学习资源。

（4）实施培养项目。匹配相应的师资力量，组织完成专业人才培养项目的实施和交付。

（5）考核与评估。对专业人才培养项目的效果进行考核与评估。

以下是笔者为某企业设计的销售管理者培养项目。

聚焦销售管理者的角色模型、能力/经验要求，构建企业销售管理者的胜任力模型。在此基础上，匹配相应的核心课程，如图5-4所示。

图5-4　销售管理者培养方案构建逻辑

为促使培训目标的有效达成，我们聚焦课程体系，按成人学习从知到行，再到绩效转化的内在逻辑，在学习成长管理手册中设计个人发展计划，如表5-4 所示，做好学习全过程管理，让销售管理者"学之实"。

表5-4　个人发展计划

基本情况						
姓名		部门		制定时间		监督人	
个人能力提升承诺						
需发展的能力	行为目标	行动计划		衡量方式	时间节点	效果评价
年终评价						

对企业而言，该项目的价值有四点。第一，打造团队高效执行力。从执行意愿和能力两个方面提升销售团队的整体工作效率，从而实现团队业绩的增长和突破。第二，激发销售团队士气。学习和掌握激发团队士气的技巧，把销售团队里的"羊"快速变成"狼"，让销售人员充满激情地冲锋陷阵，攻克一个又一个市场高地。第三，培养教练型管理者。提升销售管理者的管理思维和格局，强化其带队伍的能力，将个人冠军变成团队冠军。第四，促进业务持续增长。系统提升销售管理者的业务能力，并促使其业务能力在实践中转化为工作业绩，提高产出，进而推动企业业务持续增长。

除了上述介绍的销售管理者培养项目，专业人才培养项目还可能涉及生产管理者、质量管理者、项目管理者、产品经理等不同类型的人才。尽管对不同专业人才的能力要求不同，但是培养项目的设计逻辑基本一致。值得注意的

是，如果专业人才队伍水平影响企业战略目标达成，培训管理者也可以将专业
人才培养项目转化为战略项目来操作。

5.3　课程资源的建设

培训课程的质量直接关系到培训工作的成败和培训效果的优劣，做好培训
课程开发能够促进培训工作的顺利实施，达到事半功倍的效果。目前，各企业
使用比较多的课程资源包括线下精品课程、线上微课、案例集等。

5.3.1　开发线下精品课程

一般来说，培训课程开发需求主要来自以下三个方面。

第一，企业战略。企业战略驱动培训，培训需要围绕着企业管理变革、战
略调整等大方向进行。如当企业主要战略方向发生变化时，自然也需要相应调
整这方面的人才和能力。

第二，业务需求。这通常是业务部门具体的需求，当业务部门目前的能力
无法切实地解决遇到的困难和问题时，或虽然还能解决问题，但已经濒临瓶
颈，在可预见的时间内，需要进行培训。如新产品上市之后，营销人员可能尚
未掌握相应的产品知识。

第三，个人能力。员工个人的能力与素质需要匹配企业的要求，当无法匹
配时，自然产生了培训的需求。最典型的就是新员工培训。

企业是一个以营利为目的的商业组织，其组织培训的目的是通过培训创造
更多的价值。那么在开发课程时，就必须考虑课程服务的对象以及企业开展培
训的目的，这样开发出的课程就更有针对性。

通用电气公司开发的线下课程是紧贴业务的，是针对当前企业存在的突出
问题开展的培训。这类课程是由通用电气公司的课程需求分析人员深入企业业
务中了解企业转型或业务开展中比较典型的、共性的和意义重大的问题后，再

针对性地开发的课程，课程的针对性和实用性都非常高，课程开发完成后，讲师会到各个业务单元去开展课程讲授。

培训课程的目的就是将知识和技能通过培训的方式传输给受训者。线下精品课程作为企业培训课程的重要组成部分，课程设计应该要符合面对面授课的特性。

传统的线下培训是以讲师授课为主，员工更多是扮演受训者的角色。对于员工来说，这种培训方式相对枯燥无味，激发不了学习兴趣。大多数员工只是应付式地坐在培训课堂里，少部分员工甚至以工作任务太繁忙为由缺席培训，学习参与度非常低。因此，企业需要改变培训方式，使员工从接受型的被动学习转变为探索型、发现型的主动学习，让他们在自主学习中积极发展各种思考策略和学习策略，获得积极的情感体验，从而达到预期的培训效果。

5.3.2 打造线上微课

由于工作和生活的压力，人们已经越来越习惯于利用碎片化时间进行学习。为了扩大组织知识和经验的传播范围，企业还可以开发线上微课，将业务专家的经验编写成短时间的课程，并通过小程序或其他线上学习平台来发布，使员工可在各类移动终端查看，随时随地学习。

微课的形式有很多种类型。

（1）图文类。以"图片+文字"的形式展示学习内容，这种类型的微课制作速度快、传播方便，但是由于缺乏动态信息，学习者的代入感偏低。

（2）动画类。采用动画技术制作电子课件，可以形象地向学习者展示学习内容，引起他们的注意力和学习兴趣。

（3）视频类。一种是以角色扮演的形式，对课程进行情景设计，让真人演出学习内容的片段；一种是授课者面对镜头讲述课程内容，同时借助演示文稿等进行教学展示。

（4）音频类。以音频文件的形式展示学习内容，虽然方便学习者收听，但是学习者容易被其他事物分散注意力。

对企业来说，微信是适合发布微课的平台之一。微信作为时下一种便捷且使用广泛的聊天工具，对我们生活的方方面面都产生了巨大的影响，尤其在传播知识和信息方面具备非常明显的优势。在微信上发布微课，学习者通过手机或电脑接收课程，可以不受时间、地点、环境的限制。

除此之外，很多企业也在使用慕课（Massive Open Online Courses，MOOC）学习平台。"慕课"的概念是 2008 年由大卫·柯米尔（Dave Cormier）与布莱恩·亚历山大（Bryan Alexander）首次提出的，意为大规模的开放式在线课程。慕课的概念一经提出，便很快在世界范围内获得了广泛关注，并得到实际应用。

雅虎公司鼓励员工在 Coursera（一个提供免费的网络公开课程的网站）上通过 MOOC 课程进行自主学习，以此鼓励员工补充工作上所需的各种知识与技能。

Tenaris 公司通过与 edX（大规模开放在线课堂平台）合作，运用 edX 的软件平台以及课程内容，为员工提供了丰富的 MOOC 学习资源，解决了不同背景和不同工作经历的员工的学习需求。

事实上，视频教学并不是新鲜事物，在远程教育实践中早已有所应用。但是，传统的视频教学有两个缺点，一是时间长，二是互动性差。在当下这种快节奏的生活中，人们很难适应这种教学方式。于是，时间短且内容实用的教学视频出现了，受到了人们的普遍欢迎。

许多企业往往会采用微课大赛的形式来沉淀课程资源，但是如何将精华进行整合与提炼并真正用于员工学习，也存在很大的挑战。因此，企业在打造线上微课时也要注意以下几点。

（1）发动全员参与。微课内容的开发不能单纯依靠培训部门，而是要充分激发全体员工的参与积极性，引导绩优员工、业务专家、优秀管理者快速总结其工作经验，可以是一个知识点、一项技能或是一篇案例，由此来进行微课开发。

（2）规划微课开发体系。微课的特征之一是时长短，因此，需要海量的微课才能真正发挥作用。企业需要针对不同的岗位，设置各类主题，做好微课开发的系统规划。

（3）提供内容萃取模板。很多业务专家虽然有经验，但是在内容萃取上可能面临挑战。企业可以利用教学策略设定各类微课的内容萃取模板，帮助专家将自己的经验用课程的形式表现出来，实现资源沉淀。

另外，在录制微课时，培训管理者可以在课程视频中嵌入一些测试题，这不仅能够提高学习的交互性，同时也是检验学习者学习效果的方式之一。最后，所有微课都应该配上简短的课程简介，一方面可以帮助学习者迅速地了解课程内容以及学习目标，另一方面也可以对本门课程进行广泛宣传与营销，吸引更多的人参与到学习中来。

5.3.3　组织编写案例集

近年来，案例开发与案例教学越来越受欢迎。企业可以将一些优秀案例，进行集中和精品化，编写成案例集，内化为员工学习资源之一。

2018 年，国网吉林省电力有限公司（以下简称"国网吉林电力"）推动展开了服务文化建设，在这过程中，涌现了一大批典型人物和典型事迹。为了服务文化建设工作，更好地传播和学习，国网吉林电力组织精编并出版《让人民生活更美好服务文化案例》。

国网吉林电力《让人民生活更美好服务文化案例》的编写过程分三个步骤。

（1）全面梳理。国网吉林电力通过开展实地调研、组织座谈研讨、第三方访谈等方式对服务文化建设的经验、成果进行了全方位地梳理和总结。

（2）经验萃取。在对服务文化建设过程进行梳理后，需要进行经验萃取，将其中最有价值的知识提取出来，变成整个组织的知识资产。国网吉林电力主要通过对服务文化与管理创新、服务文化示范点和服务文化引领一线实践这三个方面的建设成果进行集成管理，汇编成企业文化建设成果手册，输出经典案例。

（3）借鉴应用。输出案例成果后，国网吉林电力利用多种教学推广手段促进经验传承。每个企业都希望把好的经验传承下来，将好的方法推广到其他员工身上，从而实现量变甚至质变。这种推广手段促使所有员工做出积极的行为改变，在工作中真正做到以客户需求为导向。

国网吉林电力借用案例开发、案例分析、案例教学、案例传播等元素，构建了服务文化与业务活动的桥梁，让案例集成为传播公司发展战略、进行文化教育、高质量发展电网事业的重要途径。国网吉林电力将案例集发放至各单位用于交流学习，使优秀的管理案例在公司内部迅速得到借鉴和推广。案例集因其内容全面、方法有效、操作性强受到公司各级领导和员工的高度评价。

案例集强调组织经验沉淀的结果。一般来说，它更适用于知识管理处于起步阶段、人员规模中等以下的企业或单一主题的经验传递，如行政体系案例集、法律案例集等。

未来之星训练营是华润电力母公司华润集团于 1985 年针对新入职大学生开办的，旨在通过一个半月左右的集训，帮助刚刚走出大学校门、即将走上工作岗位的新员工，完成从学生到华润人的转变。为了帮助新员工更好、更快地认识华润、转换角色，华润电力采取了多样化的培训方式，案例学习就是其中的方式之一。

华润学创中心未来之星项目组面向集团内各单位征集往届优秀营员案例，最后经过审核，筛选多篇优秀案例集册，形成《往届未来之星案例册》。内容为往届营员真实的华润工作经历分享，通过分享阳光、感悟挫折，一正一反两个切入点，让新一届营员互动、反思，获取成长经验。

几乎每一个优秀的企业都有内部刊物，如，华为的《华为人》、阿里巴巴的《阿里人》、海尔的《海尔人》等。事实上，案例集也是内部刊物的呈现形式之一。这些内部刊物不仅承载着传播企业价值理念和管理理念等重要任务，同时也是传承组织经验的有效载体。

麦肯锡公司将知识管理的重点主要放在了被对手忽略的隐性知识的发掘和利用上。为了使公司内部管理咨询顾问们的经验和理论得到快速传播，麦肯锡公司特地创办了一份名为《麦肯锡高层管理论丛》的内部刊物，专门服务于那些拥有宝贵的咨询经验却没有时间和精力来把这些经验整理成书面文本的专家们，把他们的思路和经验简单地概括成一两页的短文来进行传播，在每一篇短文后面都附有作家介绍，以便有需要的读者进行索引和查找。

这种方式不仅使优秀的知识和经验在麦肯锡公司内部得到了有效传播，激励大家大胆创新和真诚交流，也有助于提高知识提供者的个人声誉，为其在麦肯锡公司的发展提供更多的可能。

为了在真实的情境中进一步呈现和传播上述文献和信息，麦肯锡公司还建立了一个储备经验和知识的专门数据库，用来保存在为客户服务过程中积累起来的信息资料和问题解决方法。不仅如此，麦肯锡公司还请来专业的信息管理员对数据库信息进行维护和更新，当咨询顾问需要从数据库中寻找信息时，信息管理员就可以为他们提供相应的检索帮助，提高查找效率。

当前，知识管理逐渐成为企业界的关注焦点，越来越多的企业领导者开始重视通过卓越的知识管理能力建立企业的知识储备基础，以提高企业在商业社会中的竞争能力。

近年来，为加强知识传播与共享，不断推进企业学习型组织的建设，传播和分享优秀经验，首都机场商贸公司每年都会开展案例总结大会，发布当年的优秀案例。

该公司领导指出，优秀案例来源于公司实际业务工作，能够充分反映公司的情况，具有很强的借鉴意义。案例开发是公司不断回顾现有经验、发现解决实际问题的有力工具，更是促进知识共享、实现优势资源效应最大化的有效方式，在组织的人才培养、企业文化培育、管理效能提升等方面具有非常重要的意义。员工应养成挖掘案例的习惯，及时总结和沉淀经验，纳入优秀案例素材，不断充实公司案例库，才能将公司形成的良好品质和优秀经验充分的积累与传承下去。

　　在案例总结大会上，优秀案例作者会对自己的案例进行现场展示，包括阐述案例内容和提出思考性问题两个方面，在案例内容阐述上要求层次分明、轻重有序；以思考性问题作为收尾，旨在让案例更有启发性。同时，公司还会颁发"优秀案例编写奖"和"优秀案例组织奖"两个奖项，以此肯定并鼓励为案例工作做出贡献的优秀个人和部门。

　　案例集一方面可以用来宣传、展示组织经验，另一方面可以促进内部的经验交流。加大案例的分享和宣传力度，持续推进案例的开发与整合，可以让优秀的业务经验不断传承，为提升组织业务能力提供智力支持。

5.4　课程开发项目管理

　　在课程体系的基础上，培训管理者应根据培训计划有重点、有节奏地逐步完成课程开发工作。

5.4.1　课程开发角色与形式

　　企业进行课程开发并不是一件简单的事，而是一项复杂的系统工程，因此，它需要依靠团队的力量来完成。通常，课程开发队伍中一般包括以下三种角色。

　　（1）课程开发主导者。这类人员拥有专业的课程开发能力，可以辅导业务专家进行课程内容挖掘、课程结构设计、教学活动设计等课程开发工作，确保课程内容和形式的有效性。

　　（2）方法分享者。这类人员是企业的绩优员工、业务专家、优秀管理者等，他们拥有丰富的经验，对工作场景极为熟悉，能够为课程开发提供业务知识、管理知识等方面的支持，保证学习内容符合岗位实际工作的需要，确保课程内容的准确性。

　　（3）项目管理者。这类人员是整个课程开发项目的组织推动者，他们对企业整体了解程度较高，可以准确地提取课程开发的重点方向和主题，并能够有效地将课程开发主导者和方法分享者组合在一起，互相配合、共同完成课程开发工作。

在实践中，不一定完全是三个人来承担这三种角色的职能。例如，具有课程开发能力的业务专家，既可以是课程开发主导者，也可以是方法分享者；培训部门的专职讲师，既能当项目管理者，也能承担课程开发主导者、方法分享者的角色职能。

基于此，企业内部进行课程开发的形式也有三种：外包开发、自主开发和内外结合开发。

（1）外包开发。外包开发是指把企业课程开发项目委托给外部咨询机构、专家个人等，企业提出需求和目标，由外部人员负责完成课程调研、课程内容挖掘、课件制作与整理等课程开发工作的一种形式。这种形式的优点是内容专业程度高、管理简单，挑战在于要求企业具有良好的项目管理能力，这样才能使内外部人员协同工作，确保课程质量。当企业内部不具备良好的课程开发能力时，可以采用这种课程开发形式。

（2）自主开发。自主开发是指企业内部专家基于一定的标准和工具模板自主完成课程开发工作的形式。这种形式的优点是课程开发成本低，课程内容符合企业内部实际情况。缺点是内部专家可能缺乏足够的课程开发技巧，课程质量难以把握。当企业内部专家具备丰富的课程开发经验，有良好的课程开发能力时，可以采用这种课程开发形式。

（3）内外结合开发。内外结合开发是指内部专家和外部课程开发顾问共同开发课程的一种形式。具体的组织方式是内部业务专家负责课程内容、专业知识等；外部课程开发顾问负责给予反馈和辅导，并把控课程结构、教学设计等工作。这种形式的优点是内容针对性和课程标准化程度较高，挑战在于组织难度大，需要内外部专家多次集中研讨。当企业内部有理论专家和实践专家，且有能力非常强的课程开发项目经理进行管理协调时，可以采用这种课程开发形式。

获知培训需求之后，华为便会根据业务部门的培训需求进行课程开发。正如任正非指出的那样，业务部门需要什么样的能力，华为培训中心就开发什么样的课程，安排什么样的培训。在课程开发上，华为通常采用以下几种形式：

（1）由研究发展部门下的案例部收集、整理公司内部的真实案例以及外部的行业典型案例，集中多人智慧对案例进行开发，将其打造成可复盘和学习的课程。这门课程的版权属于华为员工培训中心。

（2）由专职讲师、内外部兼职讲师根据自己的专业领域对课程进行开发，一般为讲师独自开发，著作权也归讲师所有。

（3）引进外部课程资源，并根据华为自身实际情况，对课程进行适当改编。

总的来说，不同的课程开发形式各有利弊，在实际工作中，培训管理者需要根据课程内容特点、内部专家能力等，选择合适的课程开发形式，从而为企业持续开发和输出高质量的课程。

5.4.2　内部课程开发流程与步骤

如何保障课程开发的持续有效运营和产出效果？这就需要培训管理者完成企业内部课程开发运营机制与流程设计。企业内部课程开发总流程包括以下五个关键步骤，如图5-5所示。

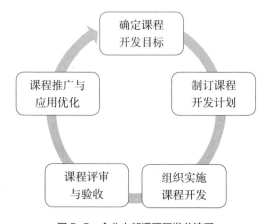

图5-5　企业内部课程开发总流程

1.确定课程开发目标

在进行课程开发前，首先要规划课程开发主题，明确课程开发目标。课程目标是培训活动的出发点和最终归宿，通常来说，我们可从组织视角和岗位视角来思考课程开发目标。

第一，从组织视角思考课程开发目标。

·目前组织存在哪些问题？开发什么主题的课程可以解决这些问题？

·准备开发的这门课程重点将解决什么问题（战略承接/流程优化/管理改进）？

·准备开发的这门课程的授课对象都有哪些？

·通过学习这门课程，授课对象能收获哪些理论知识/工具方法？

第二，从岗位视角思考课程开发目标。

·目前哪些岗位上的员工存在能力差距？需要提升哪些方面的能力？

·准备开发的这门课程重点能提升哪种能力（沟通能力/组织协调能力/目标与计划管理/领导力）？

·通过学习这门课程，授课对象能收获哪些理论知识/工具方法？

这个阶段的产出一般包括课程主题清单、课程目标、课程受众、课程适用场景、课程内容范围等。

2. 制订课程开发计划

确定课程开发目标后，要明确课程开发组织结构，并制订课程开发计划。课程开发组织结构是指成立各课程开发小组，指定各小组组长和组员。课程开发小组组长负责提出项目要求、组织和协调人员完成课程开发工作并负责验收课程成果等。组员则负责提供相关专业理论和内部最佳实践经验。

课程开发计划需要明确课程开发过程的关键节点及阶段性成果，如表 5-5所示。

表 5-5　课程开发计划（模板）

课程名称			
学员对象		课程开发部门	
课程开发组织结构			
项目角色	姓名	本人签字	直接领导签字
组长			
组员 1			
……			
课程开发计划			
工作内容	阶段性成果	计划完成时间	备注
培训部门意见： 			
领导意见： 			

3. 组织实施课程开发

企业内部课程的开发不论采取哪种形式，其实施逻辑都是一样的，具体包括三个环节。

（1）明确学员学习目标。课程开发目标是明确开发的课程对学员能产生什么价值。明确"学员学习目标"是指明确"学员想要通过课程所学到的内容"。将"教师能讲什么"转换为"学员需要什么"是准确描述学员学习目标的关键动作。

（2）课程结构设计。课程开发团队针对课程主题进行调研、分析与研讨，明确课程内容框架、教学手段与方式、课程的时间规划等。这个阶段的产出一般为课程大纲。

（3）具体内容开发。完成课程结构设计后，课程开发团队据此进行课程的具体开发，包括收集课程内容、制作课程资源包（课件、学员手册、讲师手册、辅助学习资料、学习成果转化手册等）。

4. 课程评审与验收

为做好各类课程质量控制、课程难度等级划分等工作，针对各类已开发完成的课程，企业内部须组织相关专家对课程进行评审与验收。评审并验收通过后的课程才能正式进入企业课程库。对于优秀课程，企业可按照相关制度对课程开发小组进行激励和表彰。

5. 课程推广与应用优化

制订内部课程推广计划，在年度培训规划中加入内部课程安排，组织相关员工参加培训，将课程在企业内部进行推广。

课程的培训效果是检验培训课程质量的重要依据。因此，在授课过程中，企业可以引导学员对课程进行意见反馈，收集学员对培训实施效果的评价。课程开发者可以根据学员意见、授课效果评价对课程内容进行相应调整，不断更新课程。

好课程能够为学员带来积极的体验和感受，帮助学员提升能力，并通过学员行为的改变而提高组织绩效。因此，好的培训管理者，必须开发出高质量、高水准的好课程，从而为员工提供针对性的培训赋能。

5.4.3　培训课程的调整更新

培训课程的调整更新既包括对某一课程的具体内容、教学形式进行调整更新，也包括对某一课程体系的结构进行调整更新，以满足受训人员不断变化的培训需求，提高培训效率，减少培训成本浪费。

具体来说，触发培训课程调整更新的外部因素包括四个方面。

➢ 企业外部环境发生变化，如行业政策、市场环境、经济形势等。

➢ 企业战略、业务策略、人力资源战略、市场营销战略等发生变化。

➢ 企业盈利能力和利润收入发生变化，影响了课程投入。

➢ 原有课程开发不合理或不适用，讲师、受训人员提出调整更新要求。

从课程内容本身来看，需要定期进行更新或淘汰的课程类型有以下三种。

第一，具有时效性属性的课程。课程内容是针对国家政策、行业规范等的介绍，当相关政策或规范发生改变后，企业也需要及时更新相应的课程内容。

第二，涉及企业战略或年度工作目标的课程。企业的战略是变化的，企业年度工作目标也会随之改变，如果是基于企业战略或年度工作目标设定的课程，则企业也需要及时淘汰课程中失效或滞后的内容。

第三，企业文化课程。有些课程主要是传播企业文化及核心价值观要求，当组织调整企业文化及核心价值观要求后，就需要对相关课程内容进行更换。

在实践中，培训课程调整更新流程如图 5-6 所示。

图 5-6　培训课程调整更新流程

（1）收集信息。培训课程调整更新的信息来源于特定的调研活动或受训人员针对培训课程提出的具体反馈意见等。

（2）分析信息。按照部门、课程类别等汇总信息，对信息的普遍性、准确性进行分析，并形成相应的书面报告。

（3）讨论与评估。组织相关人员对培训课程调整更新的必要性、可行性进行讨论，同时评估调整更新成本，包括时间成本、财务成本和人力成本等。

（4）做出决策。由领导最终决定是否进行培训课程的调整更新，并签字确认。

（5）发出通知。培训部门根据调整更新决策，发出培训课程调整更新的通知。

5.5 课程开发模型与工具

企业必须开发与设计出高质量的培训课程。那么，在培训课程的开发与设计过程中，有没有可以借鉴的模型和工具呢？本节内容主要介绍课程开发的模型和工具。

5.5.1 常用的课程开发模型

目前来说，常用的课程开发模型包括 ADDIE 模型、SAM 模型、ISD 模型等。

1. ADDIE 模型

ADDIE 模型主要包括三个方面的内容，即要学什么（学习目标的制定）、如何去学（学习策略的应用）、如何判断学习者已达到学习效果（学习考评的实施）。ADDIE 是分析、设计、开发、实施、评估五个英文单词的首字母缩写。

ADDIE 模型五个字母分别表示以下意义：

Analysis——分析。对所要达到的行为目标、任务、受众、环境、绩效目标等进行一系列的分析。

Design——设计。对将要进行的教学活动进行设计。

Development——开发。针对已经设计好的框架、评估手段等，进行相应的内容撰写、页面设计、测试等。

Implementation——实施。对已经开发的课程进行教学实施，同时给予技术支持。

Evaluation——评估。对已经完成的教学课程及受众学习效果进行评估。

该模型是一种交互式课程设计程序，任何一节点的形成性评价都将使课程开发者返回到前面的阶段，每一阶段形成的结果都是下一阶段开始新内容的条件。

ADDIE 模型基于对工作任务和员工的科学分析，针对培训需求来设计和开发培训课程，避免培训课程开发的盲目性，同时通过对各个环节及时、有效地评估，保障课程开发的质量，确保学员能够获得工作所需的知识和技能，从而满足组织发展需求。

2. SAM 模型

SAM（Successive Approximation Model）模型是一种新的课程开发模型，它融合了当代课程设计和开发流程，可以减少课程设计和开发的复杂性，侧重更积极和更高效的学习经验。SAM 模型下的课程开发有三个阶段，分别是准备、迭代设计和迭代开发阶段，如表 5-6 所示。

表 5-6　课程开发三个阶段

序号	阶段	具体内容
1	准备阶段	聚焦课程目标的确定。了解学员学习的目标、期望值，将前期收集的信息与参与者进行讨论，获取反馈。根据认知启动阶段所得共识，不断优化，最终进入迭代设计阶段
2	迭代设计阶段	聚焦课程内容的确定。团队成员通过研讨交流的方式，对课程内容的逻辑性、专业性不断进行设计、评估、修改和完善，在一定程度上提升企业内部课程开发的效率
3	迭代开发阶段	聚焦课程内容的实现。团队成员通过研讨交流的方式，确定实现课程内容所需的软件、教学资源、时间和空间等。通过不断演练、评估、完善，最终在课程实施前，最大限度地接近企业、岗位和个人的需求

由此可见，SAM 模型的核心理念可以概括为两点：

（1）将评估放在课程实施之前，实现了课程开发的持续改进，从流程上给予合理控制。

（2）强调发挥团队的优势。课程开发团队由学员、内容专家、授课老师和项目经理等组成，成员之间是高度互补的，尤其是引入学员这个角色，充分吸取他们的意见和建议，使得课程能够较好地满足企业、岗位和个人的需求。

3. ISD 模型

ISD（Instructional System Design）模型即教学系统设计模型，它是以传播理论、学习理论、教学理论为基础，运用系统理论的观点和知识，分析教学中的问题与需求，并从中找到最佳答案的一种课程开发模型。

ISD 模型具体操作包括五个步骤。第一，分析。对教学内容、学习内容、学习者特征等进行分析。第二，设计。对学习资源、学习情景、认知工具、自主学习策略、管理与服务进行设计。第三，开发。根据设计内容进行课程开发。第四，实施。根据课程开发的成果实施培训。第五，评估。对开发的课程进行评估并形成评估报告。

ISD 模型示意图如图 5-7 所示。

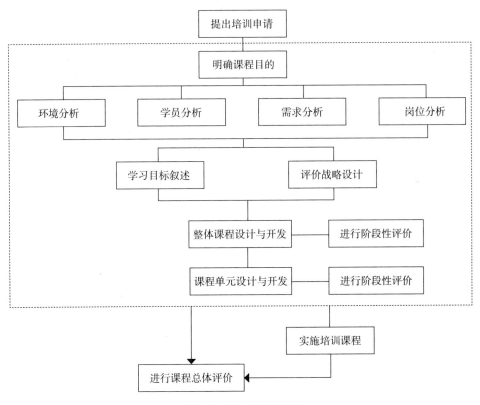

图 5-7 ISD 模型示意图

ISD 模型需要企业高层管理者、课程开发人员、讲师及目标学员的共同参与。通常，企业高层管理者负责确定企业目前所面临的问题，由课程开发人员设计并开发培训课程，然后由讲师将课程内容传授给目标学员，并通过对目标学员的测试，评估培训效果，不断修正课程内容。

在实践中，企业需要根据不同的条件、需求，灵活运用不同的课程开发模型，设计并开发出最佳的培训课程。

5.5.2　课程开发方法与工具

在课程内容审核、教学活动设计、导入授课技巧等阶段，也有不同的方法和工具。

1. 课程内容审核

课程内容需要被学员所接纳，这样培训效果才会更佳。因此，课程开发人员需要站在学员的角度思考课程内容的合理性。在实践中，我们可以借助AGES模型（记忆辅助工具）审核课程内容。

AGES模型是由神经领导力研究所的达瓦契及其同事提出的一种实用记忆辅助模型。AGES中四个字母分别表示记忆中的四个变量——注意力（A）、生成（G）、情绪（E）、间隔（S）。

注意力（Attention）：人的注意力是有限的，人们无法长时间保持专注，所以要在课程中灵活设计不同的教学活动，让学员的注意力保持集中在课堂中。

生成（Generate）：能够让学员自己建立新信息和已有知识体系之间的联系，以便把信息整合为长期记忆。

情绪（Emotion）：让学员意识到学习内容或行为与团队的成功或个人安全息息相关，让他们感受到一定的压力，从而提升学习效果。但也要注意压力的"度"。

间隔（Space）：每隔一段时间复习一次，这种学习方法可以避免注意力过度负载，推动记忆精细编码。因此，在课程设计时，我们可以在每讲完一部分内容后，对前面的知识进行回顾和总结，以加强学员的记忆。

2. 教学活动设计

教学活动设计是关于课程的整体安排，具体内容包括：采用的教学形式有哪些，具体分配时间如何，提问的顺序是什么，讨论形式有哪些，预期的讨论方向是什么，如何应对预期外的讨论内容，可以为学员提供什么分析工具等。如果有其他参考资料和延伸阅读的内容，授课老师可以提前做好相应的准备，课前发给学员。教学活动设计表（模板）如表5-7所示。

表 5-7　教学活动设计表（模板）

课程名称				
教学目标： 1. 2. 3.				
目标学员：				
教学活动设计				
教学活动	教学活动简介		时长	备注
讨论问题		问题对应知识点		讨论形式
1.				
2.				
3.				
参考资料：				
延伸阅读：				

3. 导入授课技巧

正式授课前，课程开发人员可以精心策划一些"破冰活动"，确保培训课程从一开始就拥有较高的参与度和关注度。常用的破冰方式主要包括游戏、舞蹈、故事等。

第一，游戏。游戏是最常见的破冰方式之一，可以减少新培训师的控场压力，通过游戏能观察团队和个人，同时也是打破人与人之间隔阂的最佳方式。

第二，舞蹈。这种破冰方式对培训师的要求非常高，对学员的感染力很强，容易提升他们参与热情。

第三，故事。适用于层次较高的、年龄较大的团队，采用故事形式的破冰，一定要条理清晰、引人入胜，保有悬念。

　　课程开发人员在选择破冰活动时，需要考虑学员群体的特征，同时还要考虑培训内容与破冰活动的匹配度。例如，一些比较严肃的培训现场，授课老师在设计破冰活动时，就不能太夸张。

　　另外，课程结尾也是我们需要重点考虑的部分。培训课程结尾的技巧包括以下内容。

> 提示要点，重复当堂学习内容中的重点。
> 留出时间给学员进行提问。
> 强调本次课程学习的重要性。
> 为个人的发展提供课题和介绍参考书籍。
> 留下学员的联系方式。
> 用结束语表达对学员的感谢。
> 让学员填写评估表。

　　其中，课程结尾还有一些应该注意的事项：不要提及课程中没有出现的新内容；注意控制结尾的时间，不要过于拖沓和啰唆，一般15~20分钟最为合适。

　　总的来说，企业为什么要开发课程，开发什么样的课程，这是培训管理者需要认真思考的问题。在进行课程开发时，培训管理者要学会整合各类资源，合理借助外部的力量，提高课程开发效率，确保培训课程的高质量。

第6章
培训项目组织与实施

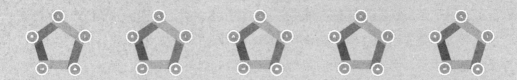

　　目前，越来越多的培训工作开始走项目化路线，培训管理者需要进行多方资源的沟通与协调，尽管大多数人对于这些工作并不陌生，但是在概念上仍然存在一些错误的认识，极大地影响了培训工作的开展与质量提升。培训管理者应该在培训项目立项、项目实施规划、项目营销方案策划、项目实施过程管理等方面达成共识，从而提升培训管理工作的质量。

6.1　培训项目立项

培训项目是由明确的培训目标、培训对象、培训内容、培训方式、具体操作过程等内容组成的，如"新员工培训项目""办事处经理培训项目""基层销售人员培训项目"等。

6.1.1　明确培训需求与目标

任何一个培训项目都必须明确对参与者在培训后，其知识和技能水平提升的程度，这就是培训目标。它为培训管理者确定培训内容和培训方式提供了方向，同时也是其说服上级为培训项目投入资源的理由。

一般来说，培训目标可以分为三大类，包括认知自我角色、获取知识和技能以及转变工作态度，具体如表 6-1 所示。

表 6-1　培训目标的分类

序号	目标类型	具体内容
1	认知自我角色	帮助新员工和新进入某一岗位的员工熟悉企业对他们的要求，消除陌生感
2	获取知识和技能	提高员工完成工作所需的知识和技能水平，包括基本知识、人际关系技能、专业知识和技能、领导与管理技能等
3	转变工作态度	提高员工对企业与工作的认知，使员工充分地理解更高效地工作对自身的意义，从而改变工作心态，形成良性的工作动机

笔者团队通过调研问卷、访谈等形式对均豪不动产管理（集团）股份有限公司团队进行调研，然后根据了解到的情况设计场景化培训项目，并设定了以下培训目标：

一、达成共识，凝聚士气。充分理解公司文化和价值观，认同公司发展目标等。二、强化沟通，熔炼队伍。促进部门间沟通交流，分享内部优秀案例和经验。三、梳理目标，制订计划。项目对标工作，结合项目制订工作行进计划。

四、信息共享，沟通到位。对信息进行价值梳理，实现团队共享，促进项目目标的完成。五、研讨交流，强化管理。强化自我管理，梳理团队目标，营造执行氛围。

尽管企业在培训项目立项时都设定了培训目标，也按照预设的目标进行了课程设计，但是培训结束后，参与者却很难将培训所学的内容完全应用到业务场景中去。究其原因，许多传统的培训课程在设计上就没有考虑到对接业务目标的问题，将培训与业务割裂开来，没有形成最直接的连接关系。所以这是许多企业都存在的问题：培训了又培训，却看不到效果。

在任何组织中，业绩和生存才是第一要务，那么培训活动就不能为了培训而培训。因此，培训项目的目标设定也要考虑到组织的业务目标，从而帮助企业实现业绩增长，在激烈的市场竞争中争取优势。

6.1.2 编制培训项目立项书

在编制培训项目立项书之前，培训管理者需要确认培训项目的费用预算。超出预算的一切计划都将是空谈。

通常在开展培训活动时，费用的支出流向包括以下几方面。

➢ 培训活动物料的成本支出。
➢ 场地的租赁、布置等费用支出。
➢ 外聘讲师的聘请费用支出。
➢ 培训活动组织人员的日常开支。
➢ 培训期间人员的食宿支出。

当然，因为培训活动的变动，上述开支也会随着进行相应的调整。培训管理者在确定了各方面的支出之后，就可以组织编制费用预算表了。培训项目费用预算表如表 6-2 所示。

表 6-2 培训项目费用预算表（示例）

培训项目费用预算表					
申请日期：　　　年　　月　　日					
课程名称		培训时间		培训地点	
费用预算明细					
1. 教材费					
2. 培训讲师课程费用					
3. 培训讲师食宿费用					
4. 培训场地费用					
5. 培训用品材料费用					
6. 参训人员食宿费用					
7. 培训组织人员的日常开支					
8. 其他费用					
9. 合计费用					

在确定好培训目标、培训课程、培训费用预算后，培训管理者就可以开始编制培训项目立项书了。

一般来说，培训项目立项书包括下述内容：培训项目开展的背景、培训需求调研与分析、培训目标、培训内容、奖评方案、培训项目费用预算表等。

在编制培训项目立项书时，通常会形成一份立项初稿，然后与培训团队成员进行讨论、协商，将其中的不足进行修改，之后提交到上级领导处，经由领导审批通过后，就可以根据计划中的各项安排落实相关工作了。

6.1.3　做好项目沟通与汇报

企业内人、财、物等资源都是有限的，为了赢得领导的支持，成功实施培训项目，培训管理者要抓住一切机会，做好项目沟通与汇报，向领导展示培训项目的价值。这就如同销售人员推销产品时要完成的任务一样。

日本"推销之神"原一平曾说过："人人都是推销员，什么事都与销售有关，自从你诞生以来，你一直都在推销。小时候，你用哭闹向妈妈推销，接到的订单就是牛奶和妈妈暖和的怀抱；演员向观众推销表演艺术；发明家推销自己的创造；律师向法官推销辩解词；政治家推销政见……" 要想推销成功，培训管理者就需要掌握一定的技巧。

首先，把握好开头。在项目沟通与汇报时，无论是以口述还是文字报告的形式来呈现，开头都是很重要的。每个人的耐心都是有限的，如果我们在汇报开头就在讲一些毫无用处的话，不仅浪费了大家的时间，甚至还会引起对方的反感。因此，我们要开门见山地指出培训项目的价值所在，吸引对方的注意力。

其次，多角度挖掘项目价值。在犹太商人圈中，流传这样一条经典的生意经："对方需要什么，就尽力给他什么，只要满足了他的心理需求，对方也会满足你的需求。" 因此，要想赢得领导的支持，培训管理者就需要尽可能地将培训项目亮点转化为领导所期望的，满足其心理需求，然后领导才会认同项目方案。

兴业证券培训心中负责人孙国雄指出："企业培训组织在公司内部难做，往往与自我认知有关。一方面，觉得既然都是兄弟部门，有些事情是理所当然的，而事实往往并不如此；另一方面，以自我认知代替他人的认知，力气没少花，但不在点子上，当然就很难得到认同。我们的做法是将其他部门视为自己的客户与业务伙伴，在项目的选择上尊重其需求和意愿。各个部门的领导平时工作都很忙，我们一定要尊重他们的时间，利用各种机会挖掘他们最迫切的需求，帮助他们实现这些需求，并向公司申请立项。有时候可能各部门领导并没有想好到底该培训什么、怎么培训，我们就要协助他们理清头绪。"

最后，以专业性打消领导的疑虑。领导在决定是否提供资源支持时，一般要对培训项目的信息进行全面的了解。在这样的情况下，如果培训管理者不能对项目全面、细致地介绍，或者不能够解答领导针对项目提出的疑问，那么，领导很可能因为对项目的认识不够或不信任而放弃提供资源支持。

现代管理学之父彼得·德鲁克曾说："你不必喜欢或崇拜你的老板，也不必恨他。但你得管理他，好让他为组织的成效、成果，以及你个人的成功提供资源。"

因此，培训管理者要了解领导及其期望值，用事实数据、讲道理等方式向领导提出资源支持需求。例如，关于学习场地的选择，用相关数据分析，让领导了解在企业内培训将受制于环境，可能造成学员出勤率低等情况，用类似的方式来获得上级的支持。

6.2　项目实施规划

诸葛亮能运筹帷幄之中，决胜千里之外，关键就在于他有着缜密的计划，才能用三千兵马战胜了十万敌军。培训项目运作也是如此，提前做好项目实施规划可以帮助团队提高工作效率。

6.2.1　制订项目进度计划

南斯拉夫有句谚语：一次深思熟虑，胜过百次草率行动。在工作之中更是如此，许多人在工作之前缺乏整体规划，没有想清楚各项事务的处理措施，接到工作任务就迫不及待地开始干活，最后却因柴刀不快，不出效率，白费力气。因此，想要快刀砍柴就要先把刀子磨好，在工作中，工作计划就是完美的磨刀石。

在麦肯锡公司，每个员工在咨询服务开始之前，都会根据客户问题及其改进要求制订一个科学的工作计划，这也是麦肯锡公司咨询顾问的首要任务。

林国沣是麦肯锡公司全球董事，亚洲零售银行咨询业务负责人。他刚刚加入麦肯锡公司的时候，和大多数踌躇满志的年轻人一样，急切地想要证明自己的才能，对待工作的激情远胜其他新人。然而，入职一个星期以后，他却发现尽管自己每天忙至深夜，却仍然是所在团队中效率最低的人，繁重的任务一件接着一件，压得他几乎喘不过气来。

带着满腹不解，林国沣不得不向同一项目组的法国同事马克求教，马克听后，微笑着说："林，我想你一定没有认真看项目组的工作要求表，上面的第十一条清晰地写着，每天制订一个工作计划，然后再去付诸实践。"

林国沣听后，立刻去翻阅工作要求记录，上面果然如同马克所说，有这一要求。不等林国沣再次发问，马克继续说："你们中国人常说计划赶不上变化，但其实，计划即使不能百分百实现，它的存在也是不可替代的，如果每一天的工作中我们都能用实际计划代替设想，抓好落实，我们就可以掌握时间安排的主动权，实现工作效能的最大化。"

　　马克的话让林国沣茅塞顿开，当天夜里，他便推翻了之前一贯的工作模式，放下了所有工作，专心为第二天设计了一个合理的工作计划，并且在之后多年，始终坚持着这一习惯。

　　林国沣成为麦肯锡公司亚洲零售银行咨询业务负责人后，《21世纪经济报道》记者曾经问他，是什么成就了他的今天。林国沣毫不犹豫地回答说："是麦肯锡公司，也是当年一位同事的指导，更准确地说，是一份份精确、美好的工作计划。"

　　行动快的人不一定是第一个完成任务的，准备工作做得最充分的人才是工作效率最高的。在计划管理上下功夫，并不是让培训管理者夸夸其谈，设计不切实际的目标计划，而是要优化企业资源配置，进行合理的安排。

　　著名数学家华罗庚在其所著的《统筹方法》中举过一个小例子：中国人习惯喝茶，起床后通常也会泡上一杯茶水。人们通常的习惯是先洗漱，再取出杯子盛放茶叶，最后才是烧水泡茶喝。这样看起来是符合常理的，但其实浪费了很多时间。倘若将这些步骤做一定的重组，在起床以后直接选择烧水，然后再依次洗漱、放茶叶，要做的事并没有增加，而所需的总时间却极大地缩短了。

　　这就是科学统筹的意义所在，由此可见，预先计划的重要性。有了计划，工作自然就有了明确的依循目标，就能合理地运用人力物力，有条不紊。反之，如果没有计划，工作起来可能是一团乱麻。

　　要想培训项目运营顺利，培训管理者需要提早做好一份计划书或详细的方案，以便让自己和团队的工作事半功倍。在培训项目方案计划中，培训管理者需要完成任务分解、制订进度计划等工作。

在进行任务分解时，可以遵循"大事化小"原则：将项目任务按照一定的逻辑逐渐进行分解，分解到可预测、可管理的单个活动为止。尽可能使培训项目实施的任务分解完全穷尽，各活动要相互独立。

完成项目任务分解后，需要将这些活动按照一定逻辑关系（如工作的客观规律、项目目标的要求、事情轻重缓急等）排序，弄清楚活动之间的先后顺序和相互关系，制订项目进度计划。培训项目进度计划主要包括项目时间、责任人和成果输出清单，如表 6-3 所示。

表 6-3　培训项目进度计划

项目阶段	工作任务	1月				2月				……		责任人
		第一周	第二周	第三周	第四周	第一周	第二周	第三周	第四周	……	……	
阶段一												
……												

在制订培训项目进度计划的过程中，应将可能出现的风险因素和相应的应对措施考虑在内，并在时间安排上留出一些空间，以保障计划的可执行性和项目实施过程的可控性。

6.2.2　课程安排与讲师沟通

通常在明确培训需求和目标后，我们会根据培训目标来确定培训内容，并设计相关的培训课程。

笔者团队在为均豪不动产管理（集团）股份有限公司设计的场景化培训项目中，根据培训目标，安排了两天两晚的培训课程，具体如图 6-1 所示。

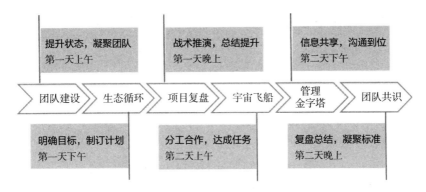

图 6-1　场景化培训项目课程安排

完成培训课程安排工作后，还要明确各个培训课程的授课讲师。一般来说，企业会根据培训需求来选择培训讲师。例如，企业文化、安全、生产技能培训可能是由企业内部讲师授课，但是如果企业内部讲师无法满足培训需求，则须考虑邀请企业外部讲师。

但是无论是邀请企业外部讲师，还是企业内部讲师，在安排培训课程时，一定要沟通好以下五个方面的内容，如表 6-4 所示。

表 6-4　与讲师沟通的内容

序号	维度	具体内容
1	培训需求沟通	充分交流此次培训的需求，让讲师针对参训人员的需求适当地调整培训内容
2	培训目标共识	明确企业领导进行培训的目的和培训需要达成的目标，沟通时还需要与讲师协商课程的安排及培训效果的追踪方式
3	课程内容与互动	根据需求明确课程重点内容，与讲师尽量详细地确认培训过程中的互动环节，尽量少浪费时间，达到培训效果的最大化
4	培训对象特点	与讲师沟通参训人员的年龄、职位等信息，方便讲师设计问题
5	训后效果跟踪	针对课后的培训效果如何跟进、训后辅导等进行沟通

值得注意的是，在邀请企业外部讲师来授课时，需要向其介绍本企业的企业文化、背景等详细情况，以保障培训契合本企业的企业文化，避免企业外部讲师在授课过程中出现与企业自身情况不相符的内容，影响培训的效果。

6.2.3　做好人员任务分工

培训项目的实施需要团队合力完成。在完成任务的过程中，只有团队成员之间相互沟通、配合，分工明确，才能高质、高效地完成工作。分工明确是为了让团队成员清楚自己的职责所在，如果分工不明确，就会造成团队成员责任不清，不知道自己该干什么工作，或是团队成员都在做重复工作，不仅浪费时间，办事效率低下，而且也不能产生商业价值。

某企业培训项目分工表如表 6-5 所示。

表 6-5　培训项目分工表

模块	主要项目	内容	负责人
前期筹备	流程管理	主持稿	
		确认参训名单	
		训练营满意度问卷设计	
		确认培训奖品、签到礼品	
		对接讲师行程及积分规则	
		学员分组	
	课程设计	课程内容沟通	
		学员手册内容审核	
		课程确认	
物料准备	制作物料	班委手册、学员手册、培训签到表、姓名牌	
	现有物料	中性笔、剪刀、大白纸、白板笔、应急药品	
	采购物料	矿泉水	
现场组织	信息统计	行程与住宿信息统计、房间检查、房卡发放	
	签到布场	餐饮对接、场地确认	
		签到	
		会场检查、会场布置	
		接待讲师	
	培训	讲师资料、电脑调试	
		主持、拍照、课堂助教	
		学员记录、组织考试、组织问卷调查	

麦肯锡公司管理咨询顾问保罗·弗里嘉说："在麦肯锡公司，对于项目组成员而言，最重要的职责之一就是要为自己的工作负责，每位成员不仅要了解全局，而且要对自身被分配的任务负责。"在项目开展的过程中，要将每个团队成员的责任划分清晰，使其明确并履行各自的职责。如果团队成员不能很好地履行自己的职责，在发生问题时，相互推卸责任，不仅不能及时解决问题，还会影响团队的绩效。

6.3　项目营销方案策划

　　在培训项目正式开展之前，培训管理者需要对培训项目进行整体的营销策划，通过分析卖点、多方位宣传等，赢得更多人的关注和参与。

6.3.1　分析培训项目卖点

　　很多培训管理者可能遇到过这样的情况，自己和团队成员一起辛辛苦苦研发的培训产品，却得不到其他业务部门人员的支持和理解，业务部门的员工不清楚这些培训产品对他们工作的意义和好处，因此他们都不愿意参与这些培训项目。

　　之所以会出现这样的情况，其中很重要的一个原因就是培训管理者没有主动去发动"群众"。每一个培训管理者心中都要树立"培训也是需要营销的"这个观点。培训项目成功实施的关键不仅在于有好的培训产品，更在于有组织内部成员的支持。这就要求培训管理者梳理培训产品卖点，告诉组织内部成员培训项目的价值，以及让他们参与培训项目的意义等。分析培训项目卖点应遵循的原则如表 6-6 所示。

表6-6　分析培训项目卖点应遵循的原则

序号	原则	具体内容
1	明确性	明确阐述利益诉求点，向潜在培训参与者传达一个主张，必须让他们十分清楚地感受到，接受该培训可以获得什么具体的收益

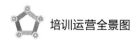

序号	原则	具体内容
2	排他性	所强调的项目卖点必须是竞争对手做不到的或无法提供的，强调与众不同、人无我有
3	吸引性	培训项目卖点必须具有强大的诱惑力，通过聚焦在某一点的收益或效果，以达到打动、吸引潜在培训参与者报名的目的

某企业"中高层管理者训练营"培训项目的卖点分析如下。

第一，能力提升。通过角色与定位认知，让管理者认识自我的同时优化管理的方式和方法，提升中高层管理者管理能力，培养中高层管理者成为企业的中流砥柱。

第二，情景化体验。在目标管理培训课程中融入情景体验，通过简单、易操作的体验，调整学员状态，提升团队凝聚力，让学员认识到目标管理的重要性。另外，通过情景体验感受创新和探索，培养学员敢于创新、勇于探索的意识，提升学员风险规避及压力管理的能力。

第三，沙盘模拟。在领导力课程中加入沙盘模拟的学习内容，即团队分组进行企业运营与竞争模拟，在模拟企业动作、共担挑战的过程中，考验团队领导者的领导力、创新意识和冒险精神。

第四，专业测评＋报告解读。基于自我认知进行全面的个人测评，让管理者了解自己的个人特质，分析自己的领导力和行为，从而优化自己的管理方式和方法。

要获得别人的支持，首先就要让别人了解培训项目。培训管理者通过分析培训项目卖点，让组织内部成员知道培训部门所做的工作对他们有什么益处。此外，还要大力进行宣传与鼓动，抓住培训产品卖点，做好推广、宣传，把学习氛围营造出来，把组织成员的热情调动起来。

6.3.2 宣传落实培训项目

一个好的培训项目能不能吸引足够多的人来参与，能不能快速地实现价值转化，考验的是培训管理者的营销推广能力。

法国古生物学家乔治·居维叶说过："天才，首先是注意力。"同样，培训管理者想要让自己的工作更顺利，也要学会如何吸引别人的注意力。从发展心理学和人格心理学角度而言，喜欢吸引他人注意力的人，往往对工作和生活充满期待，这类人一旦成功吸引了众人的注意，便会建立起成功心理，并在此基础上充分利用众人的帮助来成就大事。

那么，在开展培训项目的过程中，培训管理者怎样才能充分吸引其他人的注意力，使大家主动加入培训活动中来呢？培训管理者不妨借鉴一下以下做法，通过宣传培训活动，吸引大家的关注，扩大培训活动的影响力。具体有线上和线下两种途径：

第一，线上宣传，即在企业官网、官方微信及微博、各部门工作群组及时发布培训活动的消息。这个消息不能只是简单用几句话概括培训活动时间、主题等，而是要用一些能够吸引大家眼球的话语来让更多的人报名参加培训活动。毕竟，培训管理者在组织内部面对的是一个"信息冗余"的环境，要想让培训活动的信息在第一时间被大家捕获，培训管理者在宣传文案方面要下点功夫。

第二，线下发布，即在企业公告栏或一些显眼位置，摆放宣传海报，或者在公告屏播放相关视频，吸引大家的关注。

总之，不管是线下还是线上，培训管理者都可以在其中设计一些小游戏或者小活动，如参与有奖、闯关比赛等，来让更多的人抢着报名培训活动。培训项目宣传载体与途径如表6-7所示。

表6-7　培训项目宣传载体与途径

序号	分类	具体内容
1	宣传载体	新媒体宣传文案、内部宣传稿、宣传海报、视频、H5、游戏活动等
2	宣传途径	朋友圈（点赞送礼、转发有礼）、微信群、公众号、微博、专业网站、钉钉等企业内部办公沟通软件、企业公告栏等

广州医药有限公司沙槐学院开展"职业化提升训练项目"时，在公司制作了预热、项目启动、项目模型等一系列主题海报，分批粘贴在公司食堂、电梯、楼梯等主要通道口；在公司内刊上发表相关文章"你为公司创造的价值＝（知识＋

技能）×？"，引发讨论，然后用"职业化风暴即将来袭，敬请关注！"吸引员工的关注与报名，接着发布课程预告，并致信给学员及其主管，双方就需提升的关键技能点达成一致后签署"学习意向书"，为学习项目的推进奠定良好基础。

培训管理者作为培训服务的提供者，只有想方设法地去营销培训项目，才能让培训服务产品为组织成员所接受，让组织成员充满兴趣且自觉、自愿地抢着进课堂。

6.3.3　邀请领导者参与培训项目

麦肯锡公司合伙人马克斯·兰兹伯格曾说："做良好的表率是出色的领导者巩固其创造愿景、感召力和动力的第二个方法。"海尔集团总裁张瑞敏曾说："管理者要是坐下，部下就躺下了。"可见，领导者对企业发展起到的重要作用。在企业中，一位领导者的作用不仅仅在于管理员工和制定战略，更在于以一种良好的表率作用引导团队的积极行为。

麦肯锡公司在长期的管理咨询实践中发现，企业中的员工总能以最快的速度，通过一系列的小道消息或直接观察的方式对某个领导者形成一种印象。在日后的工作中，员工们总会密切地注意领导者的行为方式和与其形象有悖的地方，据此判断该领导者是否值得信赖。

此外，麦肯锡公司还发现，员工们不仅观察和评价自己的领导者，很多人还会模仿他。由此看来，领导者的价值观和处事原则会对企业内部氛围形成重大影响。

大前研一曾是麦肯锡公司日本分社的社长，在担任社长的十几年里，他带领的团队总是保持一种良好的工作态度和氛围，公司的任务也总是能够出色完成。

在被问及自己的卓越领导秘诀时，大前研一说自己采取了一种简单的方法，他会把每个任务结果预想为100，并且在部下完成工作后，用100减去部下已达成的部分，剩下的差额，他则会想办法去努力完成。大前研一说："既然是上司，我就有责任把工作做好，我信任我的部下，相信他们有能力将工作做到97，只有剩下的3才需要我做，那么，我有什么理由不去完成、给部下们做个表率呢？"

企业领导者的表率作用也得到了心理学家的认同。心理学家发现，企业中员工们总是会自觉不自觉地模仿其领导者的习惯。例如，如果一个领导者习惯在下班前把办公桌清理一下，那么，即使他没有要求过他的助手和秘书这样做，他们也会在每天下班之后整理完办公桌再走。

而员工之所以会这样做，是因为他们对自己的职场之路缺乏自信，或者说，他们并不那么清楚怎么做对他们最有益。所以，他们希望跟着一个人，通过模仿、学习这个人的言行，来获得成长。当遇到言行与自己期望一致的领导者时，他们就会向他靠近，不自觉地模仿他，以他为目标和奋斗的方向。

因此，正如大前研一所说的，领导者需要做的，就是努力成为员工所认可的那个表率。言传身教从来都是最直接、最有效的教育方式。

培训也是如此。有领导者的支持，员工才会更加积极地参与培训学习活动，才有利于组织学习氛围的营造。

海尔集团开展的员工培训是关于价值观的培训。"什么是对的，什么是错的，什么该做，什么不该做"，这是每个员工在工作中必须先明确的内容，也是企业文化的内容。

对于员工的价值观念培训，海尔集团特别强调集团内各级管理人员的参与，并要求各层管理者上到集团总裁、下到班组长，都必须为下属安排价值观培训课程。特别是集团中高层人员，必须定期到海尔人单合一研究中心授课或接受培训安排，不授课则要被索赔，同样也不能参与职务升迁。每月进行的各级人员的动态考核、升迁轮岗，就是很好的体现：部门员工的升迁，反映出部门经理的工作效果，部门经理也可据此续任或升迁、轮岗；反之，部门员工考核不佳，部门经理就是不称职的。

行动胜过语言，领导者亲自参与学习项目，和大家一起花时间读书、进行深度座谈、研究和思考，通过这种良好的学习态度和积极的行动展现出对学习的欣赏和热爱，能够为所有员工起到好的带头示范作用。

在具体的培训实践中，培训管理者可以邀请领导者一起参与培训项目，让领导者通过一系列措施来营造学习氛围：制定相应的奖励机制；经常在公开场合发表培训对学习的见解；为员工创造更多的学习机会，鼓励员工分享和表达；及时与员工进行沟通，为他们指引解决困惑的方向，而不是直接提供答案……在领导者的带领下，使更多的员工主动参与到学习活动中来。

6.4 项目实施过程管理

实施培训是为了提升组织成员的专业技能、管理能力等，同时也是组织内进行知识分享与交流的有效手段。一个好的培训项目不仅需要好的培训师的引导，更需要组织者精心的安排与配合。

6.4.1 项目开班前期准备

在培训项目正式开班前，培训管理者需要根据培训目标，做好相应的准备工作，如准备合适的培训场地、学习物资等。对培训项目准备工作的监督，我们可利用点检表的形式来进行，如表 6-8 所示。

表 6-8 培训项目准备工作点检表

序号	准备项目	要求	时间	完成情况
1	培训预订	确认参训名单和时间，预订培训场地		□是 □否
2	讲师确认	与讲师确定培训地点和时间，沟通课程大纲及内容		□是 □否
3	发布通知	告知学员学习计划，提前沟通课程内容		□是 □否
4	场地与设施设备检查	培训场地、投影仪、话筒、白板、笔、桌椅等设施设备检查无误		□是 □否
5	表单资料准备	学习资料、签到表、评价表等资料准备齐全		□是 □否
6	学习工具准备	游戏道具、教学器材等学习工具准备完善		□是 □否
7	培训开场确认	接待流程、主持和开场白等确认无误		□是 □否
8	后勤保障安排	讲师及学员的食宿及交通，现场茶歇安排周全		□是 □否

良好的开始等于成功了一半，要想培训活动起到良好的效果，其准备工作是十分重要的。只有准备得细致、周到、全面，培训活动才可能取得理想的效果。这一点是培训管理者必须做到位的。

另外，值得注意的是，在准备阶段，培训管理者还需要对培训活动实施过程中的具体工作任务进行合理的分配，如表 6-9 所示。

表 6-9　培训工作小组工作任务分配

序号	责任人	具体工作任务	时间安排
1	主持人	· 介绍学习主题 · 介绍日程安排 · 介绍管理规则	活动开始前 ＿＿分钟
2	服务人员	· 茶水准备 · 学员签到 · 学员心态引导 · 宣布纪律	活动开始前 ＿＿分钟
		· 关注培训现场的环境 · 外来电话的应对 · 注意学员的纪律 · 现场拍照以及摄像 · 休息安排及服务	培训活动 整个过程
3	培训工作负责人	· 做好各个工作任务的分工 · 实时监督工作进度 · 管理相关人员 · 评估培训效果等	按相关人员的工作计划表的 时间进行
4	机动人员	应对和处理突发事件	培训活动 整个过程

6.4.2　培训现场监督与维护

培训活动方案设计得再好，如果在实践中得不到良好实施，也没有什么意义。培训项目实施是整个培训过程中的实质性阶段，主要包括以下内容。

（1）培训活动开展前的介绍工作。无论什么培训活动，开展前的第一件事都是培训管理者针对培训项目进行引导介绍，介绍内容包括培训主题、主要参与人员、培训目标及活动日程安排、培训活动现场的纪律等，具体如表 6-10 所示。

表 6-10　培训前简要介绍

背景介绍		培训主题、培训目标、授课讲师简介（资质、经历等）、参训人员等
教学简介	课程安排	介绍课程设置的重点内容及教学安排
	纪律要求	介绍培训纪律要求，如课堂纪律要求、出勤要求等
	考核办法	介绍本次培训具体考核方式，如培训满意度调查、训后笔试／面试考核等
其他说明		住宿、就餐及其他注意事项

（2）培训活动现场的监督及维护。为了使培训活动顺利地开展、让参训人员取得较好的学习成果，培训管理者需要对培训过程进行有效管控，具体工作事项如表 6-11 所示。

表 6-11　培训活动的过程管控

序号	工作事项	内容和要求
1	确认活动现场情况	对各项准备工作进行一一清点
2	学员签到	在签到表中标示出迟到、早退人员
3	学习纪律督查	对不遵守纪律的学员进行记录
4	确认总结议程	确认是否需要做课后总结
5	突发事件处理	及时处理培训活动中的突发事件
6	满意度评分表发放	在培训课余时发放满意度评分表

在准备阶段中，培训管理者对团队成员的工作任务进行了划分，在监督及维护培训活动现场时，也需要对各成员的工作进行监督与管理，具体内容如表 6-12 所示。

表 6-12　培训项目实施过程所监督的对象与内容

监督对象	具体监督的内容
主持人	活动之前是否清楚地说明了活动主题
	活动之前是否强调了会场纪律和其他注意事项
	活动之前是否对活动日程进行了简要说明
服务人员	活动期间饮用水、纸笔的准备是否到位
	是否做好签名登记工作

续表

监督对象	具体监督的内容
服务人员	能否有效引导学习者及时到场就位
	休息期间能否为学习者提供日常便利
	能否维持会场纪律
	出现紧急事件，能否及时处理
	面对问题，能否及时联系相关负责人
	对紧急事件的处理进展情况，能否做好定期汇报工作

另外，在培训过程中，培训管理者还需要对培训项目实施过程进行详细记录，包括具体实施情况以及一些突发状况，形成学习过程记录文件。同时还要为学习者建立学习档案，具体包括：学习情况记录表、学员签到表、学习效果调查表以及评估表、学员学习心得与总结等，同时这些学习档案要尽量电子化，为后续工作的开展提供便携存档与查找的文件资料。

第 7 章
培训效果评估与转化

　　在制订培训计划时，企业还须制定一套培训效果评估体系，用于培训后的效果检验与分析。同时，为了有效地将培训内容进行转化，在培训课程正式结束后，培训管理者还需要为参训人员安排一些训后活动，持续跟进他们的学习情况，确保培训内容能够应用到工作中去，实现行为转化。

7.1　培训效果评估方式与流程

通过对培训效果进行评估，可以检验出学习者在知识、技能方面是否有提高，同时也能让培训管理者获得项目管理经验的积累，为下一次培训项目的开展提供参考。

7.1.1　常用的培训效果评估模型

常用的培训效果评估模型有很多，包括柯氏四级评估模型、考夫曼五层次评估模型、菲利普斯五级投资回报率模型等。

1. 柯氏四级评估模型

国际著名学者唐纳德·柯克帕特里克提出柯氏四级评估模型，其评估内容主要分为以下几个方面，如表7-1所示。

表7-1　柯氏四级评估模型的评估内容

序号	评估层次	评估内容
1	反应评估	学员对学习方案的反应，如对课程结构、讲师的看法，学习内容是否合适和学习方法是否得当等
2	学习评估	学员在学习项目中收获的知识、技能、态度、行为方式等
3	行为评估	学员在工作过程中态度、行为方式的变化和改进
4	成果评估	学员在一定时期内取得的生产经营或技术管理方面的业绩以及为企业带来的收益

具体评估操作如下：

（1）反应评估。在培训项目结束时，通过问卷调查收集学员对培训项目效果的评价信息，其结果可作为完善培训内容、改进培训方式等的依据。

（2）学习评估。利用笔试、实操、工作模拟等方式来考察学员对知识、技能、态度等培训内容的理解和掌握程度。

（3）行为评估。借助各种评估表来考察学员参加培训后在实际工作中行为的变化。行为评估是考察培训效果的最重要的指标。

（4）成果评估。可通过员工绩效变化、客户满意度等指标的分析结果，了解培训项目所带来的效益。

在实践中，培训管理者可以根据培训项目的具体性质决定是否开展培训效果评估以及评估到第几个阶段。

招商银行培训中心经过实践，逐步建立起具有招行特色的六级培训评估模型。

✓ 第一级评估：关注学员对于培训的投入程度。

✓ 第二级评估：关注学员对培训的感受，包括学员对培训内容、培训方式、授课水平、组织管理等的感受。

✓ 第三级评估：关注学员的学习掌握度。

✓ 第四级评估：关注培训对于学员实际行为带来的改变。

✓ 第五级评估：关注培训对学员工作绩效的影响。

✓ 第六级评估：关注培训的投入产出比。培训价值，主要体现在培训对于企业真正的贡献值。

2. 考夫曼五层次评估模型

考夫曼五层次评估模型是考夫曼在柯氏四级评估模型基础上进行扩展后的结果。考夫曼认为培训能否获得成功，关键取决于培训前各种资源的获取程度，且组织环境与培训效果是相互影响的，培训所产生的效果不仅服务于本组织，而且会反作用于组织所处的环境，组织所处环境的变化也会给组织带来效益。因此，培训评估模型中应该加入评估客户和社会的反应，如表 7-2 所示。

表 7-2　考夫曼五层次评估模型的评估内容

序号	评估层次	评估内容
1	可行性	确保培训成功所必需的各种资源的有效性、可用性以及质量
	反应	培训方法、手段和程序的接受情况和效用情况
2	掌握	学员掌握知识、技能的情况
3	应用	接受培训之后，学员在工作中知识、技能的应用情况
4	企业效益	培训项目对企业的贡献和收益情况
5	社会效益产出	评估社会和客户的反应以及利润、效益情况

3. 菲利普斯五级投资回报率模型

菲利普斯在柯氏四级评估模型的基础上加上了第五个层次，即投资回报率，拓展形成了菲利普斯五级投资回报率模型。

（1）第一层级：反应和满意度评估。衡量相关人员对培训项目的主观看法，主要是学员对培训项目和培训人员的反应和满意度。

（2）第二层级：学习结果评估。衡量学员在多大程度上掌握了培训中的内容，如工作态度、知识、技术、流程等。

（3）第三层级：应用评估。衡量学员在工作中行为的变化，包括汇总所学知识和技术在实际工作中的应用。

（4）第四层级：业务影响评估。通过客户满意度提升、员工忠诚度提升等主观数据以及成本节省、产出增加等客观数据，确定培训对于改进组织绩效所产生的影响或效果，并与组织的期望值进行对比。

（5）第五层级：投资回报率评估。该层级评估关注的是相对于培训成本，培训产生的业务效果所带来的用货币形式体现的价值，并进一步计算投资回报率。

企业在评估培训项目效果的实际操作中，很少进行投资回报率的评估，因为评估过程相对困难且所需成本高。

7.1.2　不同层面培训效果的评估方法

在实践中，培训效果评估方法和工具有很多。本书以柯氏四级评估模型为基础，阐述不同层面培训效果的评估方法和工具。

1. 反应层评估方法

根据柯氏四级评估模型，第一级就是评估参训学员对培训课程的喜好程度，包括参与度、相关性、学员满意度等。评估参训学员对培训课程的满意度是通过一定方式了解学员对培训课程的评价，如培训内容、培训材料、培训讲师、培训设备、培训方法、培训组织等。

反应评估的作用体现在以下几方面。

➢ 让学员感受到学习管理者对他们意见的尊重。

➢ 将评估信息反馈给领导层，给予他们更多培训信息。

➢ 让学习管理者了解当前的培训工作是否做得妥当，今后的培训组织与管理工作该从哪些方面进行改进。

➢ 作为培训讲师改进课程内容和授课技巧的基础。

通常来讲，反应评估是比较容易的。最常用的评估方法是在培训后让学习者填写一张培训评估表。学员对培训的直接反馈和体验可以采用培训反馈表、培训效果调查表等方式来获取，如表 7-3 所示。

表 7-3 培训效果调查表

培训效果调查表						
说明： 请根据您参与培训的直观体验填写此表 此表采用不记名方式，请尽量填写您的真实感受						
项目	内容	很不满意	不太满意	一般	满意	非常满意
培训组织	您对本次培训的总体感受和评价					
	您对此次培训主题的看法					
	您对本次培训的组织安排和管理工作的看法					
培训课程	您对课程内容的看法					
	您对课程教材的看法					
	培训内容是否能解决您的问题					
	您觉得学员的参与度如何					
培训讲师	您对讲师专业度的看法					
	您对讲师技术水平的看法					
	您认为讲师讲授的重点是否突出					

一般来说，反应层级评分过低，就说明该培训项目存在一定的问题。如果大多数员工不喜欢某个培训课程，培训管理者就要判断是否有必要继续开展该培训课程。但是反应层级评分并非越高越好，学员们特别喜欢某个课程，并不

意味着该课程的实用性就高，很可能是因为课程讲师的个人风格魅力吸引了大家。所以，不能单纯依靠学员满意度的反馈结果来评估培训效果。

2. 学习层评估方法

根据柯氏四级评估模型，第二级是检验学员掌握知识、技能的程度，即通过一定的方式测试培训课程中的原理、知识、技术和技能被学员掌握的程度，包括学到了什么知识？学到或改进了哪些技能？改变了哪些态度？

针对不同类型培训课程的特点，应该安排与之适应的测试，以合理评估学员的学习效果。通常而言，检验学习效果的方式包括以下几种：开/闭卷考试、问卷调查、实际操作、观察评分、量表评价等。

通用电气公司克劳顿管理学院利用测试来检验学习效果的机制是极有代表性的。

克劳顿管理学院对知识类的培训学习效果的测试一般采取Pre-test（训前测试）和After-test（训后测试），在上课之后很快就能检验效果。而对于技能类的培训学习效果，克劳顿管理学院则更加重视与学员的沟通和反馈。比如，每当一个课程结束之后，会进行调查评估，以了解每个学员的想法。调查评估以提问的方式进行，比如，问学员是否愿意继续接受这类培训，是否愿意推荐给别的同事等。

另外，克劳顿管理学院还经常组织Focus Group，类似于座谈会的形式，但授课的讲师并不参加Focus Group，以保证反馈意见能够客观、全面、真实。

任正非也倾向于以考试的办法来检验学员的学习成效，他说："华为要通过考试来检验培训质量，两天一小考，一周一大考。"

在任正非看来，考试可以采用开卷考试的形式，甚至可以带电脑、手机、平板电脑等电子设备。因为考试的目的是让学员能够理解事务，从而掌握处理该类事务的方法。

当然，研究表明，单一的检验方式往往不如综合式的检验。培训管理者应该将检验方式多样化、综合化，避免检验的方式过于单一，以达到全面检验培训学习效果的目的。

3. 行为层评估方法

考察学员训后行为方式的改变是通过一定的方式了解学员将培训所学知识和技能转化为行为的程度，即学员在结束培训回到工作岗位后，工作行为有多少改变，了解学员在多大程度上将培训中所学的知识、技能应用到了工作中。

评估培训效果的目的是更好地为管理决策提供支持。因此，在考察学员训后行为方式的改变时，要选择合适的评估方法。常用的评估方法包括工作绩效考核法、跟踪观察法、征询意见法等。

（1）工作绩效考核法。在培训项目结束后，每隔一段时间对学员们的工作绩效进行一次评估，如工作效率是否提高、人际交往能力是否增强等。尤其是针对那些技术性岗位的人员，可以通过绩效考核的方式来考察他们训后工作方式的改变。

（2）跟踪观察法。培训管理者在前期已经掌握了学员们的情况，在学员们参加完培训课程后，培训管理者须亲自到学员们所在的工作岗位上，通过仔细观察和记录他们在工作中的表现，并与培训前的表现记录进行比较，以此来衡量培训对学员们所起的作用。但是，这种方法耗时较长，且容易对学员的工作产生干扰，影响评估结果。

（3）征询意见法。通过调查或询问学员的主管或者下属员工，从而获得学员培训后的效果。询问主管是否认为学员的工作态度有了转变、工作能力有了提高，询问下属员工是否觉得其主管在参加培训课程后领导力有了提升等。值得注意的是，向主管或下属员工征询意见容易受他们主观判断的影响，可能由于双方关系较好，而降低评估的真实性和公正性。

4. 成果层评估方法

现实中许多企业领导往往会关心一些问题，诸如：生产管理人员参加了"全面质量管理"课程后，产品质量究竟提升了多少？中层管理者在参加了"高效团队管理"课程后，团队管理效率有没有提高？销售人员参加了"快速提升销量的技巧"课程后，产品销量提高了多少？企业投入在所有培训项目上的投资回报率究竟是多少？

但是，对培训成果进行评估的企业并不多。一方面，因为培训经理并不知道要怎么去评估培训成果，并与投入成本进行比较；另一方面，由于培训成果的确切信息较难收集，如果没有采用较好的评估设计，人们也会对收益是否完全因培训而提升产生怀疑。

成果层评估需要遵循以下指导原则：第一，选择恰当的时间，在培训成果转化成绩效后进行评估；第二，对全体学员及有关人员发放调查表进行评估；第三，确定重点人员进行当面访谈；第四，在合理的时间范围内进行多次评估。

成果层评估方法主要包括两种：

（1）组织绩效指标分析法。通过考核，了解学员在培训之后，组织绩效指标是否有所改善。例如，企业销售收入提高、产品质量提升、生产效率提高、客户的满意度提高等。

（2）成本效益分析法。通过对培训成本和培训收益的分析，来了解培训投资收益率。一般可以用公式来表示：培训投资回报率＝（培训收益－培训成本）/培训成本。其中，培训收益可以用受训员工与未受训员工之间的收益差异来计算，培训成本指培训的直接成本，包括讲师费用、组织费用、学员费用等。

培训效果的评估是培训体系中的重要一环，对于企业而言，严格的培训效果评估体系，能够使企业的培训实施更为专业，提高教学质量，实现对人才的有效培养。在进行培训效果评估时，培训管理者应根据具体的培训项目情况（目的、对象、内容、方法与技术等）及各种评估方法所具有的特点选用相应的评估方法和工具。

7.1.3　培训效果评估的实施流程

通常来说，有效的培训效果评估包括六个步骤，如图 7-1 所示。

图 7-1　培训效果评估实施流程

1. 评估前准备

培训效果评估前的准备工作包括：确定评估目的、明确评估内容、选择评估方法。第一，在培训项目实施之前，培训管理者要明确培训评估的目的，这将影响培训评估数据的收集方法选择和所要收集的数据类型。第二，不是所有的培训项目都要进行培训效果评估，企业可以根据实际情况开展培训评估工作。第三，根据培训评估内容、评估对象等的特点，选择合适的评估方法和工具。

2. 制订评估计划

培训效果评估工作计划的制订需要考虑以下几方面内容。一、培训效果评估的可行性及必要性。二、培训效果评估的目的。三、培训效果评估的重点内容。四、评估工作的主导者和参与人员。五、评估数据的收集及分析方法。六、评估结果的呈现及应用方式。

3. 组织评估实施

按照制订的工作计划开展培训效果评估工作，如问卷发放、员工面谈等。

4. 分析评估资料

对收集到的评估数据进行整理与分析，为评估报告的撰写提供依据。

5. 撰写评估报告

结合评估资料的分析结果，总结培训项目的优点，并针对不足之处提出相应的改进意见和建议，据此撰写培训项目效果评估报告。

6. 评估结果应用

培训效果评估结果可以应用于以下几个方面。第一，将评估报告反馈给学员的领导，让他知道学员通过培训学到了什么、对工作有什么作用，以获得领导支持。第二，用于培训宣传，引起企业领导和员工对培训工作的重视。第三，培训管理者可以从评估报告中找到好的方面予以保持，并及时改进不好的地方。

总的来说，培训评估的最终目标都是为了提升培训效果、提升学员的工作绩效、提升企业效益。

7.2　各主体的培训评估

企业开展培训效果评估的目的是发现培训过程中存在的问题，鼓励被评估者积极行动，做出改进，最终落实到对工作的推进上。参与培训效果评估的对象包括参训学员、培训组织者和培训讲师，对不同对象进行评估的侧重点与所采用方式不同。

7.2.1　参训学员的培训效果评估

参训学员培训效果评估的主要内容包括：学习表现、知识/技能理解度、学习纪律、改变（知识、技能、业绩、行为、心态）等。对参训学员开展培训效果评估的意义在于：一是通过事前说明评估计划，提升学员对学习过程的重视程度与注意力；二是通过阶段性评估，加强对学员学习过程的监督；三是通过测试、访谈等效果检验方式，了解学员对所学知识或技能的实际掌握情况；四是提升学员学习效果与培训效果。

那么，如何进行参训学员培训效果评估呢？具体来说，参训学员培训效果评估方式有持续性评估和即时性评估两种。持续性评估方式包括员工业绩核算、观察员工心态和行为改变、定期面谈等。即时性评估方式包括课堂提问、课中阶段测验、课后考试/测试、现场实操演示等。

A公司采用多种方式共同对参训学员培训效果进行评估：第一，针对专业知识及实操技能类的培训内容，对学员进行试卷考核和实操模拟演练考核，以评估学员对知识的掌握程度；第二，针对集中式培训和大型内训，要求学员在培训结束后的3个工作日内，提交不少于500字的培训总结；第三，参训学员须在培训结束后的一个星期内制订好未来1~3个月的行动计划，并将行动计划上交给其直接上级或培训负责人，由他们及时进行跟踪和监督，以确保学员按照计划去改进工作。

在实际操作中，不同类型的培训可以采用不同的培训效果评估方式。例如，态度、理念类培训可以采用直接上级访谈法，工具、方法应用类培训可以采用实践项目答辩法。

1. 直接上级访谈法

态度、理念类的培训，难以用测试、行为评估等方式来进行效果评估，而直接上级访谈法就比较适合。具体操作方式如下：

首先，培训组织者在培训结束后，将学员的学习情况反馈给其直接上级，并告知应该重点关注学员哪些方面的行为改变。

其次，培训组织者在培训结束后一个月左右，对学员的直接上级进行访谈，重点了解培训前后学员态度、行为的转变情况。访谈前制订访谈计划，明确访谈时间、地点、内容，并提前发给被访谈者进行确认。

最后，培训组织者需要了解学员的直接上级对本次培训的满意度如何，包括有何需要改进的地方、后续培训的需求是什么等。

2. 实践项目答辩法

对于工具、方法应用类培训项目，可以考虑用实践项目答辩法进行效果评估。

培训组织者在培训结束后，给学员布置一项实践作业，具体实践项目可由学员根据自己的实际工作确定。实践项目的周期一般是 1~3 个月，待项目完成后，由学员直接上级或项目的实施部门进行相关数据确认，确认无误后，学员制作一份展示文件或报告发给培训组织者。

然后由培训组织者组织学员进行现场答辩，待学员讲解完成后由评委进行提问，提问结束后评委进行打分，最终根据综合得分评出优秀项目，并给予适当的奖励。

这种评估方式的好处在于使学员能够学以致用，在实践中检验工具、方法的应用能力，最终输出成果。

7.2.2 培训组织者的工作评估

培训组织者的工作评估主要内容包括：培训的整体安排（时间、地点等）、培训支持工作的细节安排（场地、设备、茶歇、活动等）、整体服务意识、对现场的关注度及面对突发情况的反应能力、前期准备是否充分等。

具体来说，培训组织者的培训工作评估方式有意见调查、学员口头或书面反馈、学员满意度调查等。伊利集团某次培训组织者满意度调查如表7-4所示。

表7-4　培训组织者满意度调查

项目	内容	不太满意	一般	满意
组织者礼仪	着装、文明用语、肢体语言与伊利文化精神相匹配			
	积极营造良好学习氛围，上课前清晰地表达培训目的、课堂纪律要求等			
	针对组织者礼仪，您有何建议：			
培训时间及场地安排	培训通知发布及知晓范围到位			
	课程组织计划安排有条不紊，培训资源与授课时间充分利用			
	培训教材和教具的准备非常充分			
	培训组织人员很专业、有责任心			
	针对时间及场地安排，您有何建议：			
培训收获	本次培训对您的工作有所帮助，是自己想学习的内容			
	本次培训内容与日常工作息息相关，收获非常大			
	对本次培训内容感兴趣，能够提升自己的专业知识，开拓知识面			
	请对培训收获提出您的建议：			
其他	您觉得本次培训组织较好的是哪方面？原因是什么？			
	您觉得本次培训组织有待提高的是哪方面？原因是什么？			

7.2.3 培训讲师的综合评估

培训讲师的综合评估主要内容包括：课程设计形式的熟悉程度、课程内容及重点的熟悉程度、授课技巧与现场把控能力、培训准备与工作态度、学员的满意度、课程对员工绩效的影响力等。

具体来说，培训讲师的综合评估方式有学员口头或书面反馈、讲师满意度调查、评估小组的考核与认证评估、讲师绩效面谈、讲师绩效考核（培训课时、培训项目、效果等）等。讲师培训效果评估如表 7-5 所示。

表 7-5　讲师培训效果评估

序号	评估项目	评估标准（很好：10 分；较好：8 分；一般：6 分；较差：4 分；很差：2 分）
1	讲师个人的亲和度和仪容仪表	2 分□　4 分□　6 分□　8 分□　10 分□
2	课程内容的实用性和可操作性	2 分□　4 分□　6 分□　8 分□　10 分□
3	授课课件的质量	2 分□　4 分□　6 分□　8 分□　10 分□
4	讲师对课程的理解及熟练度	2 分□　4 分□　6 分□　8 分□　10 分□
5	讲师的授课态度	2 分□　4 分□　6 分□　8 分□　10 分□
6	讲师的语言表达能力与授课技巧	2 分□　4 分□　6 分□　8 分□　10 分□
7	讲师对学员课堂反馈的关注度	2 分□　4 分□　6 分□　8 分□　10 分□
8	讲师对授课时间的把握	2 分□　4 分□　6 分□　8 分□　10 分□
9	讲师课堂现场把控能力	2 分□　4 分□　6 分□　8 分□　10 分□
10	整体上对此次培训的满意度	2 分□　4 分□　6 分□　8 分□　10 分□
	讲师满意度总得分	
	您通过此次课程，最大的收获是什么？在本次课程中您希望增加哪些内容？	

7.3　确保培训后的充分练习

课程学习只是培训学习的一部分内容，另外一部分内容则有赖于学员们通过训后练习来充实。要想达到出色的培训学习效果，在培训之后进行充分练习是每一个学员都必须经历的阶段。

7.3.1　制订训后练习任务计划

大部分人都承认，对于企业提供的学习培训，他们的学习效率远远低于自己学生时代的学习效率。这不仅仅是因为工作之后大多数人变得更加忙碌，精力分配有限。更重要的是企业对于训后活动的关注不够，没有详细的训后任务安排与计划。科学研究表明，人们若是定期对所学内容进行复习、练习，就能够显著地提高对所学内容的记忆与转化。训后记忆效果图如图 7-2 所示。

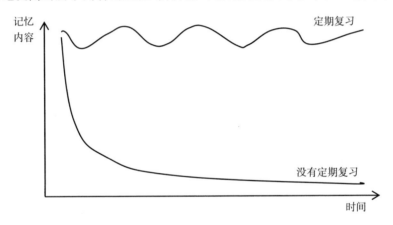

图 7-2　训后记忆效果图

由此来看，如果培训管理者在培训后持续给学员们提出关于学习内容的问题或者分配相关任务，能够极大地提高培训学习效果。因此，培训管理者应该充分利用这一规律，来对学员们的"课后作业"进行相应规划与安排。

钉钉的地面推广团队非常强大，他们对培训学习的要求也非常严格。经过集中、统一的培训之后，这些地面推广团队的员工们会收到来自总部统一制作的钉钉营销话术教材，里面对钉钉每一个部分的功能都有详细的介绍，并附有专门的示例话术。同时关于面对面营销的开场白、结束语等衔接过渡的内容也有提炼详尽的示例。也就是说从见到顾客到离开顾客，相应的关键点、示例话术，钉钉都非常明确地给到了学员。

钉钉要求学员在一定时间内练习并熟练掌握所有话术。每过一段时间，就会要求学员拍摄相应部分的介绍视频作为训后考核的一部分。钉钉制定了相应的考核评价标准，在这种要求下，各个地面推广团队的学员们也会相互练习，讨论哪些地方需要改进，进而争取最终通过考核。

通过这种有计划的练习模式，钉钉能够较好地提高学员对于相关营销内容的掌握度。培训管理者可以参考表 7-6 的形式来规划训后练习任务的安排。

表 7-6 训后练习任务计划

工作职责	知识技能	评估标准	考察方式	时间 / 频次
销售	话术	分要点得分	视频 / 当面考察	每周考察一部分
设计办公	课件制作	分要点得分	领导同事评议	每两周考察一次
……	……	……	……	……

值得注意的是，仅仅是练习仍然不够，学员们需要进行"刻意练习"。刻意练习强调，学员们不能够在舒适区重复练习早已熟知的内容，而应该针对一些困难点、弱点进行练习。

另外，培训管理者在进行训后练习任务计划和安排时还应特别注意，练习任务的设计以及评估标准的确定应该与业务部门领导进行充分沟通，保证设计与安排的突破性与合理性。同时还要明确练习任务完成的时间节点，只有明确时间期限，才能给学员们带来足够的压力，也可以让学员们更合理地安排自己的时间。

7.3.2 提醒学员完成训后作业

培训管理者在对学员的训后活动做出的详细安排中，最重要也最困难的一点是如何保证学员们能够在工作中按时完成有质量的练习任务。

最简单、有效的方式之一是不断提醒学员们开展练习工作。日常打电话沟通、定期发送电子邮件询问练习任务的进展、定期在学员群内发布相关的统计资料及情况汇总报告等都是非常便捷的提醒方式。

美国一家健康管理机构曾经对500多名学员进行测试与研究，了解定期的电子邮件提醒是否能够帮助学员们改善他们的日常活动及饮食习惯。3个月之后，相比没有收到定期电子邮件提醒的学员们来说，定期接收健康管理机构提醒邮件的学员们，他们身体状况与相应的体检指标都有了明显的改善。这也说明不断给予相关人员提醒是有效的。

亚里士多德说："总以某种固定方式行事，人便能养成习惯。"形成习惯的过程实际上是有意识的行动的不断重复，当我们把完成学习计划培养成为生活习惯的一部分，那么，主动学习就会成为习惯，自然不用担心学习的效果。

【管理研究】习惯形成的三个阶段

美国心理学家凯尔曼把一个新习惯或者新理念的形成分为三个阶段：顺从阶段、认同阶段、内化阶段。

（1）顺从阶段：人们只是表面上接受了新习惯，行为上表现出新习惯的要求，但是在人们的内心其实没有产生实质性的变化。顺从通常都是由外界刺激导致"被迫"发生的改变。

（2）认同阶段：比顺从更深入一层，人们已经开始从心底接纳新习惯。不再是"被要求"表现出新行为的状态，而是更加主动。

（3）内化阶段：新习惯此时已经完全融入了人们自身的行动之中，没有任何不适，也无须有意识地去调动自己的行为。

如果要真正使学员们学以致用，实现学习转化的目标，就需要让学员们达到"内化阶段"。为此，培训管理者应该在培训之后督促学员们不断地对学习内容进行练习与实践。

除了给予学员们更多的提醒，让学员能够充分地练习，培训管理者还应该给学员的学习情况提供一定的反馈。在学习活动中存在着一种名为"反馈效应"的心理现象，即学习者若是能够充分地了解自己学习的结果，将会促进学习者更加努力地学习从而提高学习效率。

美国心理学家佩奇曾经做过一个实验，实验结果证明老师以不同方式给予学生反馈结果时，所产生的促进作用也不一样。老师给出反馈结果并针对学生特点做出点评时，学生下一次的进步最大；老师给出反馈结果并做固定套路的点评时，学生下一次的进步次之；老师只是反馈结果时，学生下一次取得的进步最小。

培训管理者在培训结束后的跟进过程中，也需要及时结合学员们情况，给学员们反馈他们现在的练习情况。不仅可以反馈他们个人练习所取得的成果，同时还可以对比所有学员的情况供大家参考。如果能有针对性地对每个学员的练习成果进行评价，那么将能更好地激励学员们完成学习任务。

7.4　促进学员的行为改变

企业组织开展培训活动的目的是提高员工个人素质与能力，改变员工个体行为，从而提升企业绩效。但习惯的改变并不容易，有时需要"个体自我驱动力"和"外部环境刺激"同时作用才行。因此，企业需要采取一些措施，引导员工做出积极的行为改变。

7.4.1　借助心理刺激转变学员态度

企业要想员工做出积极的行为改变，除了设计优质的学习项目，还可以借助心理学的相关知识，利用心理刺激引导学员。

1. 表达期望

期望对人的行为有非常重要的影响。积极与消极的期望对行为的影响是截然不同的。所以，如果想要学员根据企业的期望行事，那么就应该努力向学员传递积极的期望，这样学员行为才会朝着好的方向发展。在具体应用期望效应时，要遵循以下几点原则。

（1）寄予期望也要因人而异。运用期望效应时，要格外注意的是，期望值要与期望对象的能力相符。

对待工作能力强的员工，管理者要给予厚望，在其取得成绩时加倍肯定，激励员工超越自我；对待工作能力一般的员工，管理者可对其每个阶段取得的进步给予期望，及时反馈，多公开表扬；对待刚刚起步或是基础较差的员工，要善于发现其身上的每一个闪光点。

（2）注重言语的技巧和表达方式。当下属在工作中出现失误或漏洞时，一个严厉的管理者可能会这样说："这点小事都做不好，你还能干什么？"而具备领导艺术的管理者则会委婉地说："这件事如果采用其他方法可能会更好，不如我们再试试。"严厉的管理者当然也可能达到他所预期的结果，但这种工作氛围恐怕不会很融洽。员工一旦对管理者产生不满情绪，将会影响心态，使工作成效大打折扣。而具备领导艺术的管理者则把责令转换成平等的建议，让员工觉得管理者为员工着想，希望员工进步，自己应该朝那个方向努力。

2. 使用积极暗示

在学习过程中，管理者多运用积极暗示会使团队成员产生积极的心态，从而提高学习效率。积极的心理暗示从本质上来说，就是通过激励式的语言，将积极的思想意识逐渐注入人的大脑意识，从而激发起高昂的、乐观的心境与意志。在使用积极暗示方法时，可以注意以下两点。

（1）在语言选择上，可以选用那些简短、具体、直接、肯定的语言，这样的语言会带来直接的冲击力，更加振奋人心。

（2）在使用时间上，建议长期坚持，毕竟让人转变心境、坚定信念不是一朝一夕就可以达成的，为了效果持久，经常、反复使用为宜。

培训管理者在保障企业员工的学习效果方面，可以运用积极暗示的方式，使其产生对学习的信心，增强其成功的信念，从而做出企业希望的行为改变。

3. 多反馈互动

反馈意味着管理者需要对团队成员的表现有个明确的态度，这一态度会对团队成员的行为起到强化的作用。在使用积极反馈的方法时，可以注意以下两点。

（1）管理者的态度往往决定着团队成员在今后学习中的表现，如果团队成员提出学习的建议后，管理者不予重视，甚至完全漠视，将会打击团队成员的积极性，对于企业发展具有不良影响。因此，当团队成员提出意见后，管理者要予以重视，及时回应。

（2）管理者对于团队成员的积极性要予以积极肯定，但是，对于学习效果的好坏也要予以真实的回复，并尽可能地从中提取有益部分，简要说明不足，这样，才有利于团队成员的进步，从而更好地发展。

通过反馈互动，能让员工更加清楚地看到学习和工作结果之间的联系，从而更加容易提升自己的工作绩效。不管怎样，积极反馈的目的是让员工自主学习，且更好地激发他们内在的工作动力和热情。

7.4.2　利用工具管理学员学习行为

任何事情都一样，说起来往往比做起来简单很多。所以，即便我们明白养成好的学习习惯的重要性，但面对重复的学习活动，我们仍然难免产生烦躁的情绪。这就要求我们做一个有计划的人，有计划地为自己塑造好习惯，挖掘自己最真实、最丰富的潜能。

目前，在组织学习中，培训管理者都会使用一些督学工具来管理学员的学习行为。例如鲸打卡，它可以提供完善的督学服务解决方案，帮助培训管理者为学员制订练习计划，并监督学员完成，保证学习效果。鲸打卡还配备了打卡功能，通过小程序提供收发作业平台，讲师或培训管理者在小程序上统一布置作业，学员完成学习后在平台上提交作业，从而完成当天学习打卡。

鲸打卡学习系统——独立且轻量的入门级学习项目服务产品。其特点包括：是一个完整闭环、超轻量级的督学系统；有专属品牌小程序、图文录播视频教学、任务制学习；在学习方式上有背单词、每日一练、阅读打卡、口语打卡、社群学习；通过英文评测、社区互动、高效点评、日签打卡营销，轻松引流推广，激发学员自发式传播，增强学习参与。

鲸打卡督学系统——通过上课互动、作业展示留存、学习习惯养成、考试测评，让学员时时确切了解自己的学习效率和学习成果，从而提高整体学习成效。

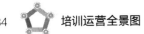

在组织学习中，"打卡"活动的作用包括两个方面。

第一，打卡意味着公开承诺。根据承诺一致性原则，公开承诺有助于学员更加主动地去完成学习任务。

第二，打卡有助于好习惯的养成。好的行为习惯的养成是一个不断重复的过程，组织学员通过每天打卡，可以帮助其养成良好的学习习惯，直到不用打卡，也能主动去学习。

7.4.3　发挥榜样行为牵引效能的作用

在营造组织良好学习氛围时，为员工树立明确的学习标杆同样是行之有效的措施之一。所谓的标杆牵引，又称标杆管理，是指管理者制定一个高的标准，并在企业内部或外部明确一个达到该标准的榜样，以榜样为基准，引导员工对其进行持续的学习以改善自身行为。通过塑造榜样，扩大影响力，吸引更多的人主动参与到学习中来。

英国管理学家约翰·爱德欧曾在其著作中指出，"在一个团队内部的无论哪个层面出现滥竽充数的人，他们都会像蛀虫一样腐蚀企业，影响其他员工，并最终使得原本能力出众的人也渐渐趋于平庸。反之，如果一个团队中有那么几个值得人学习的好榜样，那么，整个团队就会在潜移默化中受到他们的积极引导。"

榜样行为也是一种非常值得重视的非权力影响力。什么是榜样行为的影响力呢？它指的是与他人集体工作时，通过自己的优秀行为给他人提供一种可供学习和值得效仿的模式，这种行为力量在行为发出者身上同样会产生心理和行为的影响力。社会心理学家认为，人可以通过耳闻目睹，了解和收集有关他人优秀行为的信息，并通过内心感受和理解，内化为自己的主观意识、态度，引起思想上的变化，再由个体的主观意识、态度、情感等激发出实践行为活动。这种榜样行为所指向的发展目标，会使个人自身的工作产生巨大的心理感染力量，让团队的工作深入人心。

德鲁克曾经指出，在企业管理中，组织管理者要想让员工摒弃那些不良行为，仅仅依靠制度的约束是不够的，还需要塑造正面榜样，制度只能指挥人，榜样却能吸引人。倘若企业对优秀榜样表现出了足够的尊重和礼遇，那么员工便会潜移默化地受到影响，向榜样看齐。

在德鲁克担任通用汽车公司顾问的几十年里，通用汽车公司总裁查尔斯·威尔逊深受其理念影响，每一年都会在各个部门中评选出技术精英和岗位模范，并对其进行表彰和奖励，最高奖励甚至是一部通用自产的高级跑车，以此激励其他员工向其学习。

为了更好地发挥榜样的行为牵引效能，企业还可以积极引导各部门成员展开各种学习榜样的活动，以此来督促员工自主学习，创造绩效贡献。具体来说，向榜样学习的活动有以下三种。

第一，榜样员工和大家分享自己的工作经验。定时或不定时地让榜样员工向全体员工分享自己的经验。演讲的人每次不需要太多，3~5个为宜。演讲的主题，可以从具体的事情出发，不要谈大而空的话题，要让每个员工都在此过程中学习和了解其经验以及取得的成果。这样一方面是对榜样员工的工作成果的认可，对他们起到激励的作用；另一方面榜样员工对于工作的态度和做法对其他的员工也是一种推动和促进。

第二，请榜样员工做培训。在新员工培训时，除了让培训专员对企业的历史、现状、未来发展做介绍，还可以请优秀的员工，就企业工作中某一个方面、某一个项目向新员工分享经验，这样也能达到激励的效果。

第三，恰当地对榜样员工进行宣传。学习、讨论榜样事迹，是将宣传活动进一步深化的表现。通过讨论和互相学习，以平等的身份交流心得，企业内部会形成良好的学习氛围，从而起到较好的激励效果。

为了真正起到榜样激励的作用，宣传的榜样事迹一定要真实，这样才能让人信服。这就需要管理者平时多了解员工，否则写出来的宣传材料就可能有虚假的成分，而且不要一味吹捧、夸耀一个事例，一定要真实。

宣传时，可以选择多个渠道和多种方式相结合，那样会更加有效。例如，宣传材料可以张贴在企业大厅、走廊，上传至企业网站，刊登在内部刊物，在厂区广播或者制作成光碟，还可以写入企业简介、企业年鉴等。

企业的学习对象并非只能局限于企业内部，外部的优秀榜样也是企业的学习对象。比如华为在学习对象上，华为人从来都没有将"榜样"局限于企业的尺寸之地，除了对内部的优秀学习对象表现出足够的尊重并许诺丰厚的奖励，华为同样重视那些能够为华为员工做出良好示范的外部人员。

管理者利用好的榜样来吸引、带动员工的激励策略，对榜样以及其他员工都具有激励的心理效应——对榜样本身也是一种压力，他们要继续保持目前的良好行为，继续挑战自己；对其他的员工，由于从众心理和竞争心理的驱动，使其想要模仿和超越榜样行为，从而达到整体激励的效果。

7.5　推动实际应用以改善绩效

学习培训最终都将导向实际应用，不能在实际应用中取得良好效果的学习培训称不上成功。不能促进绩效的改善，企业在学习培训所花费的成本也将无法得到回报。学习培训应当为学员们在实际工作中提供相应的指导与支持，能够有力地推动学员将所学内容应用到实战中去，从而促进绩效改善。

7.5.1　为学员选择合适的教练

学员们在工作中实际应用学习培训的知识时，并不完全是一个人单打独斗。进步最快的人，通常都知道寻求团队中有经验的"师父"来帮助自己。因此培训管理者可以帮助学员选择一位他们团队中有经验的成员作为学员的"教练"，为其提供更具体的指导。

20世纪80年代，美国出现了企业教练的理论。国际教练联盟对教练的定义是："教练是被教授者的伙伴，通过引人深思和富有想象力的对话，最大限度地激发被教授者的天赋与潜能。"教练的目标就是被教授者的行为改变。

教练理论一开始就是受体育运动启发而产生。《卡特教练》是一部非常受欢迎的体育题材影片。影片根据高中篮球教练肯·卡特的真实故事改编。

卡特教练通过严格的纪律要求、鼓舞人心的激励手段、亲切耐心的沟通交流、生动形象的战术讲解带领一支屡战屡败的球队刻苦训练，使队员们团结一致，最终慢慢成为一支无人能敌的常胜强队。这一部影片充分展示了一个优秀的教练给团队及成员所带来的影响。

那么培训管理者应该为学员们选择什么样的教练呢？适合成为学员教练的人员往往拥有以下特质：

（1）能够认可并激励他人。教练必须让学员做其想做、能做的事。因此教练需要激发出学员对于目标的激情和渴望从而主动做出努力，而不是受外部压力而被动努力。

（2）善于分析与诊断学员的问题。教练需要精通业务，储备丰富的经验，以便在学员对所学知识、技能的应用过程中能够对其进行指导。当学员的行动效果不佳时，教练要能收集各方面信息帮助学员分析效果不佳的原因，并给予合理的建议。同时教练还要保持对不同类型学员的敏锐性，做到因材施教。

（3）充满自信和感染力。学员在与教练的交往过程中，不但在关注教练提出的建议与指导，更会观察教练自身的一言一行。因此，一位充满自信与富有感染力的教练，能够有效地带动学员的精神状态。

（4）自知。教练对于自己能力的局限性要有清醒的认识。对于自己不熟悉、不了解的内容应该与学员进行说明与沟通，共同探索。若是教练骄傲自大，给学员提供一堆不合实际的建议与指导，反倒害了学员。没有任何一个教练可以无所不知地帮助其他人。

找到一个完美的教练并不容易，在团队中寻找一个适合的教练同样不容易。培训管理者在平时的工作中应该更加全面地了解各部门的人员情况，做好"教练资料库"的积累工作。有了这种储备，培训管理者就能更好地帮助学员们选择合适的教练了。

7.5.2　指导学员应用学习内容

尽管培训管理者能从企业中找到一些优秀的人作为学员的教练，但是由于缺乏指导经验，他们对于自己能否胜任教练的工作没有足够的信心。因此，培训管理者也可以为教练提供一些工具和方法，帮助他们做好学员的应用指导工作。我们推荐教练从以下四步开展应用指导工作，如图7-3所示。

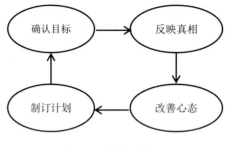

图7-3　教练工作指导

（1）确认目标。教练应该帮助学员确认自己学习或工作应用中所要达到的目标，可以通过发问的方式全面了解学员的想法，并帮助其明确目标，具体如表7-7所示。

表7-7　确认目标问题清单

问题	回答
你的目标清晰吗？	
衡量你目标的标准是什么？	
你想要什么样的结果？	
你这么做是为了什么？	
有哪些其他可能性吗？	
……	

（2）反映真相。"当局者迷，旁观者清。"当事人考虑一件事情时受影响的因素非常多，反倒容易糊涂。因此教练需要从旁观者的角度，对学员的一些关键想法给出反馈。同时教练应该根据自己了解的情况进行分析并提出自己的想法，对学员的思考进行补充。就像"企业教练"理论里谈到的："教练犹如一面镜子，反映当事人的真实现状和局限，同时引发对方看到更多的可能性。"学员了解自身想法与真实状况的差异后，才能更好地思考如何解决他所面临的问题。

（3）改善心态。真相通常不容易令人接受。教练在反映真相之后应该与学员积极进行沟通。对感觉失落的学员，教练应该鼓励其更加积极地正视存在的问题。对骄傲自大的学员，教练则应该适当地泼泼冷水，让其保持冷静。总而言之，帮助学员在应用实践过程中保持积极平和的心态是非常重要的。

（4）制订计划。这一项工作就是对之前沟通、讨论内容的具体细化。每天做哪些工作，花费多长时间，有哪些具体行动，行动要达到什么效果……都是教练在这一环节应该与学员进行沟通的。同样，在学员自己实际应用、开展行动时，教练可以适时地给予一定的帮助。

7.5.3　实施绩效支持和辅助

绩效支持是指员工在达成目标绩效的过程中，企业能够帮助改善员工表现的支持行动。培训的最重要的目的之一就是提高绩效，那么在培训之后实施绩效支持的意义自然也是非常重要的。常见的绩效支持方式有很多种，如表 7-8 所示。

表 7-8　常见的绩效支持方式

方式	内容
适时提醒	在关键活动之前，通过多种渠道给予相关人员提醒，确保员工做好充分准备
编制行动指导书	针对员工可能面对的活动，将通用的适用方法编制成册，方便员工自由查阅学习
设立相应工作模板	针对工作中常用的表单、合同、文件，准备好通用模板
提供检查清单	包含工作活动、项目的关键内容与关键步骤
提供演示视频	详细展示工作或项目的内容与条件

在实际开展绩效支持工作时，培训管理者可以建立如表 7-9 所示的学习培训应用检查清单，帮助学员们自主思考所学内容，鼓励学员自主应用。

表 7-9　学习培训应用检查清单

姓名		课程	
工作难点	知识点		应用场景

应用检测		
工作难点	知识应用	完成情况

培训管理者可以按照以下三步，指导学员对所学内容进行应用及检测。

第一步：让学员思考培训内容对自己的工作开展有哪些参考作用，哪些能够帮助自己解决一些急需解决的问题。

第二步：引导学员在学习过程中思考课程内容中有哪些让他们感觉非常实用的知识点或者技能，鼓励他们自主分析这些知识点与技能将会怎样帮助他们解决工作中遇到的困难。

第三步：要求学员总结出所学内容能够合理使用的应用场景，并对后续相应场景的工作实践做出计划安排，从而在工作实践中检验学习效果。

任何有创造力的想法，只要能够在工作过程中帮助学员成功达成业绩目标，都可以被称为绩效支持。学习管理者发挥自己的创造力，为学员们提供有效的绩效支持工作，必将收获良好的绩效成果。

第 8 章
师资体系建设与管理

知识的传授离不开优秀的老师，对于构建企业培训体系而言，良好的师资队伍是必不可少的。一支足够优秀的师资队伍，能促进企业实现人才发展战略规划，满足业务发展的需要。

8.1　内部讲师的角色认知

越来越多企业开始重视内部讲师的培养，但他们对于内部讲师的角色定位还停留在"知识传授者"的层面。因此，培训管理者需要对内部讲师的职责、作用等进行更加清晰的了解和认识。

8.1.1　内部讲师的工作职责

在一个企业中，经验传承是非常重要的。尤其在一些无法形成流程化、需要具体问题具体分析的岗位上，就更需要个人的经验和过往数据的辅助。一个人在工作中累积的经验，也是企业重要的财富，只有让这些经验继续传承下去，才不至于因为一个人的离去而导致一系列问题的出现。

任正非曾指出："华为走过的道路是曲折崎岖的道路，这中间既有经验也有教训，这些失败教训和摸索出来的经验，是华为宝贵的财富。"华为走向规模化经营，面对国际化大企业强有力的竞争，就必须将这些宝贵而痛苦的探索经验积累下来，结合先进管理思想和方法，对其进行升华，成为指导华为前进的理论，并且在实践中不断地优化，从而引导华为更好地发展。因此，华为鼓励各类员工走向讲师岗位，向其他人传授自己的经验。

内部讲师是指在企业内部选拔，通过人力资源部门考核其专业技能、课程开发能力、授课水平等后，承担企业部分培训课程的开发与授课的人员。一般来说，企业在制定内部讲师管理制度时，会明确其岗位职责，例如表8-1所示。

表8-1　某企业内部讲师的岗位职责

序号	岗位职责
1	结合本部门实际业务情况，收集并提交部门年度、月度培训需求
2	开发培训课题、编写讲义和相关培训教材，并定期更新资料
3	参与培训课程内容的审定
4	根据培训部门的培训安排，讲授培训课程

序号	岗位职责
5	对参训人员进行课程考试或考察
6	将课程资料、教案、讲义等提交至培训部门，作为培训资料的备案
7	参加相关外训后，须向培训部门翻讲外训内容或提交参训感受报告
8	参与培训部门年度培训效果工作总结，对培训相关工作提出改进建议
9	配合培训部门开展培训有关的其他工作

内部讲师的最大特点就是以企业内部的培训需求为导向，定制系统化的培训课程。这样一来，内部讲师不仅能够为企业带来系统的现代管理知识与技能，还能为企业带来有针对性的附加价值。

8.1.2　内部讲师的作用和目的

内部讲师是企业培训体系中最重要的构成部分，是企业开展内部培训的柱石和可再生力，对组织学习而言有着非常重要的作用，如图 8-1 所示。

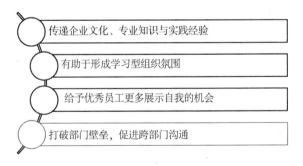

传递企业文化、专业知识与实践经验

有助于形成学习型组织氛围

给予优秀员工更多展示自我的机会

打破部门壁垒，促进跨部门沟通

图 8-1　内部讲师的作用

（1）传递企业文化、专业知识与实践经验。内部讲师作为企业自有的一支人才队伍，传道授业解惑是其最基本的作用。他们成长于企业，了解企业的状况，拥有极为丰富的专业知识和资深的实践经验，这些知识和经验都值得在企业内部加以沉淀、积累和分享，实现企业文化、知识和经验的传承。对于员工的一些疑难问题，内部讲师也可以在日常工作中对其进行现场指导和辅导。

（2）有助于形成学习型组织氛围。为了应对日益激烈的全球化竞争，越来越多的企业开始将自身打造成学习型组织，希望通过学习，持续、有效地从内外部环境中获取关键知识，构建自身的核心竞争力。内部讲师通过传递自己不断学习的精神、理念和价值观，带动其他员工主动参与到学习活动中来，从而营造一种良好的学习型组织氛围。同时，与外部培训相比，内部讲师可以给予员工更多的现场指导和问题解答，实现一对一的深度交流，为培训效果提供了可靠的保障。

（3）给予优秀员工更多展示自我的机会。能够担任内部讲师的员工一定是企业内部具有丰富实战经验的优秀员工，让他们承担培训讲师的角色，对他们来说是一次展示自我的机会。优秀员工向其他员工传授知识与经验，获得其他员工的认可，能够有效提升他们的成就感。与此同时，优秀员工在开发课程的过程中也在巩固和强化自身的知识与技能，实现自身能力的提升。

（4）打破部门壁垒，促进跨部门沟通。很多时候由于不同部门之间的制度或流程不一，相互之间难以理解，导致跨部门沟通不畅。而内部讲师作为企业内部的老师，对自身所在部门的制度、流程以及有关知识都非常了解。在培训时可以将这些内容传递给其他相关部门的员工，促进不同部门之间的相互理解，使得在跨部门沟通时能够多站在对方的角度考虑问题，实现企业内的有效融合。

总的来说，企业之所以构建内部讲师队伍，一是可以充分挖掘和利用内部人力资源，让更熟悉企业语言的人来担任组织培训的老师，有效降低培训费用，提升培训效果；二是可以有效管控培训过程，在外部培训过程中，组织只能在培训前期对师资队伍和课程主题进行筛选，无法对外部培训实施过程进行很好的监督与控制。而选择内部讲师，不仅在前期可以监督课程开发质量，而且可以在培训过程中进行有效管控，培训结束后还能及时对讲师的授课效果及员工的学习效果进行评估，为下一次的培训积累经验和教训。

8.2　内部讲师的选拔认证

企业需要内部讲师来传授经验，但是并非所有人都能够当内部讲师。企业需要制定一套内部讲师的选拔认证标准及流程，让足够优秀的员工来承担内部讲师的角色，为企业培养更多的人才。

8.2.1　内部讲师的能力要求

内部讲师体系作为企业内部知识管理的载体，将企业知识沉淀和转化，进行知识传播和分享。具体来说，内部讲师需要具备一定的能力，包括表达力、研发力、内驱力，具体如表 8-2 所示。

表 8-2　内部讲师的能力要求[1]

能力项	能力要素	能力描述
表达力	授课表达能力	讲师将课程呈现给学员的综合能力，包括讲师演讲能力、控场能力、应变能力、问题解决能力等
	综合素质	讲师在课堂上综合展现的素质，包括授课礼仪、个人魅力等综合素质类的能力要求
研发力	专业工作经验	具备丰富的管理、专业工作经验，拥有明显的专业特长
	课程研发能力	课程需求分析、教案编写、课件设计、案例编写等综合的课程研发能力
	逻辑思维能力	在课程研发过程中需要的逻辑思维能力和持续的学习能力
内驱力	分享意愿	具有强烈的分享意愿，热爱培训工作，以开放的心态与他人分享
	富有激情	讲师要富有激情，持续参与企业的授课活动，并用这种激情影响、带动公司其他的讲师和学员

企业在制定内部讲师的能力要求时，不必局限于上述内容。不同企业面对的市场环境和拥有的内部资源不一样，企业可根据自身情况制定内部讲师的能力要求。

为更好地开发员工潜力，提高工作绩效，传播企业文化，百度上海分公司积极构建内部讲师队伍。公司根据多年的实践经验，总结了内部讲师胜任力模型。该模型从五个方面对内部讲师的素质能力提出了要求，如表 8-3 所示。

---

[1] 潘平. 老 HRD 手把手教你做培训 [M]. 北京：中国法制出版社，2015.

表8-3　百度上海分公司内部讲师素质能力要求

序号	核心能力	能力标准
1	知识掌握	行业知识、专业知识、衍生知识
2	训练指导	点评技巧、辅导技术、专业反馈
3	课程控场	应急处理、问题解答、互动引导
4	表达呈现	背景引入、结构表达、归纳总结
5	课程设计	需求分析、框架逻辑、工具方法

携程酒店程长营建立了内部讲师的胜任力素质模型。内部讲师应具备的胜任力素质如表8-4所示。

表8-4　携程酒店程长营内部讲师胜任力素质（部分）

行为指标	等级标准		
	初级讲师	中级讲师	高级讲师
热爱培训事业，具备敬业精神，认同并主动传递公司文化和核心价值观	4	4	5
以积极、开放的心态接受和完成各类教学任务，并愿意为此有额外的付出	3	4	4
自觉更新和完善所负责的课程教案，无须督促	3	4	4
自主收集各种有利于教学的案例，主动研发新的课程	2	3	3
乐于与学员及其他相关人员分享和交流	3	4	5

在华为公司，实践经验被认为是讲师最重要的能力要求。任正非强调，企业对员工进行培训的目的主要是支撑企业的业务发展和战略目标。因此，作为以获取利润为目的的商业组织，必须要强调讲师的成功实践经验，这样才能将相对抽象的培训内容转化为可以提升实践能力的经验传授。

任正非曾批评华为员工培训中心过于注重讲师的职位高低，而不注重讲师的成功实践经验，他说："我们现在的很多老师不知道场景，讲了半天合同公式是脱离实践的。你没有登过喜马拉雅山，你不知道喜马拉雅山基站安装之艰难。"因此，在任正非看来，华为员工培训中心的教师队伍一定要加强实践性，保持更加开放的态度，既要有"将军"，也要有"未来的将军"。

目前，华为员工培训中心的讲师主要还是来自华为内部拥有成功实践经验的各级干部和专业与技术骨干，以及一部分对培训感兴趣的员工。这些讲师大多在华为公司从事多年的管理工作或者在专业技术岗位上担任重要角色，他们既具有丰富的实践经验，也具备良好的理论知识储备，能够很好地将自己的经验转化为理论化的知识，同时又确保理论知识能够应用到实践中去。

8.2.2 内部讲师的认证标准

所有的内部讲师都需要参与企业内部讲师任职资格体系的资质认定。不同的企业对内部讲师的资质认定稍有区别，一般来说，内部讲师资质认定可以分为初级、中级、高级、资深四个级别，分别有对应的要求，如表 8-5 所示。

表 8-5 内部讲师分级认定标准

序号	级别	认定标准
1	初级	能进行流畅表达及课件演示、能制作课件；具备相关专业知识，能正确回答所授课程专业范围问题；完成规定课时量
2	中级	在初级岗位职责基础上，另要求：能分析培训对象需求，设计并形成合格课程，包含教学目标细化、开场结尾设计、教学活动设计，能熟练演绎已有课件
3	高级	在中级岗位职责基础上，另要求：具备系列类课程开发能力，能带领小组完成系列类课程开发；掌握教练技术，能引导学员思考；专业知识扎实，了解本专业前沿理论和发展趋势
4	资深	在高级岗位职责基础上，另要求：具备知识创新能力，能为课程原创出核心知识；具备所属专业及相关专业系统而深厚的理论知识，掌握其前沿理论和发展动态

招商银行培训中心兼职讲师的基本任职条件包括：大专以上文化程度；司龄 1 年以上；工作表现突出，在业务或管理上能起到表率作用；乐于分享，具备良好的沟通表达能力。

1. 兼职讲师的基础教学资格

✓ 助理讲师：相关领域 1 年以上工作经验，熟悉相关业务和教学内容，选聘前 12 个月授课 5 课时以上，且满意度 80% 以上。

✓ 讲师：担任助理讲师 1 年以上，精通本职工作，具备良好教学技巧，选聘前 12 个月授课 10 课时以上，且满意度 85% 以上。

✓ 高级讲师：担任讲师 1 年以上，全面掌握相关业务，能够独立编写培训教材，选聘前 12 个月授课 20 课时以上，且满意度 90% 以上。

✓ 资深讲师：担任高级讲师 2 年以上，精通相关领域知识技能，能开展案例开发及案例教学工作，选聘前 12 个月授课 40 课时以上，且满意度 95% 以上。

✓ 特级讲师：担任资深讲师 3 年以上，擅长解决相关领域各类疑难，具备较高的课程设计及演绎能力，选聘前 12 个月授课 40 课时以上，且满意度 95% 以上。

2. 兼职讲师的专业教学资格

已获得基础教学资格 2 年以上，擅长学习与发展领域相关专业技能，包括行动学习、教练引导技术等，选聘前兼职讲师考核结果为"良好"以上，选聘前 12 个月授课 20 课时以上，且满意度 90% 以上。

制定内部讲师资质等级，既规范了讲师评价体系，也为讲师的进一步发展提供了参照标准，有助于激发讲师的积极性。内部讲师资质认定作为定级评定存在，对于符合要求的内部讲师候选人，企业培训管理中心统一颁发内部讲师聘书。讲师们按照标准规定申报相应等级，培训管理中心定期审核其授课能力等情况，对他们进行统一管理，并每年定期对内部讲师进行考核和调整。

8.2.3　内部讲师的评审程序

内部讲师选拔的方式包括部门推荐和自我推荐两种，具体选拔流程如图 8-2 所示。

发布内部讲师甄选公告 → 自主申报或推荐报名 → 个人资质及绩效审核 → 组织候选人参加培训 → 组织现场评审 → 确定合格人员并公示

图 8-2　内部讲师的选拔流程

（1）发布内部讲师甄选公告。企业根据内部讲师队伍构建需要，发布内部讲师甄选公告，并附上内部讲师资格选拔范围及标准等。在公告发布后，培训部门要向全体员工进行宣传，鼓励大家积极参与，以便得到较多的报名人数，否则讲师选拔会难以进行。

（2）自主申报或推荐报名。符合讲师报名条件的员工，可自荐或由部门推荐，填写内部讲师申请表。

（3）个人资质及绩效审核。培训部门根据内部讲师选拔标准，对申请人的资质等情况进行审核，筛选出符合需求的讲师候选人。在审核时，可要求申请人提供相关证明材料，或进行笔试，考核申请人的专业知识能力和一般通用素质。

（4）组织候选人参加培训。组织讲师候选人参加课程开发与设计、演讲技巧等授课所需的专业知识与技巧培训课程。

（5）组织现场评审。培训部门安排讲师候选人进行试讲，并组织专业评审小组对候选人进行评估。专业评审小组应由内部课程专家、内训师团队管理者、外部培训专家组成，内部课程专家负责在课程和讲授专业上对候选人进行鉴别；内训师团队管理者作为组织者和未来企业讲师团队管理者全程参与；外部培训专家负责对候选人执行教学任务的能力进行鉴别，并且可以"扮黑脸"，在淘汰候选人时由外部培训专家出面，因为其局外人的身份可以减少企业内部一些不必要的工作摩擦。

（6）确定合格人员并公示。培训部门将所有候选人的评估结果进行汇总并上报领导审批，经审批后向全体员工公示，并向所有合格人员颁发讲师认证证书。

某企业组织内部讲师现场评审的流程及标准如下所述。

①申请人准备：认证以个人为单位展开，每个申请人须提前准备试讲课程。

②认证流程：每位申请人试讲时间为 10 分钟，考官根据试讲人员的表现进行打分，试讲结束后进行 5 分钟点评，讲师认证评估标准如表 8-6 所示。

③考官组织要求：认证须由业务部门和人事部门共同参与（2~4 人），且考官须至少为部门负责人以上，并通过资质评审。

④认证成绩：最终认证成绩取所有考官评分平均值，80 分为通过，90 分为优秀。如有其中一名考官评分低于 75 分，则总成绩取最低分，视为不通过。

表8-6　讲师认证评估标准

对象	项目	分值	得分（分）	建议
讲师	授课专业度	10分		
	表达能力	10分		
	专业能力	10分		
	个人台风	10分		
	讲解能力	10分		
	互动能力	10分		
课件	课件内容	20分		
	课件格式	20分		
总计得分		100分		备注：学员认证成绩取平均值，80分为通过，90分为优秀。如有其中一名考官评分低于75分，则总成绩取最低分，视为不通过
综合点评		优点		
		缺点		

　　设计内部讲师评审流程及标准，不仅能明确各步骤操作标准和要求，还能保证内部讲师选拔的公正性、规范化，从而提高内部讲师的选拔质量。

8.3　内部讲师的培养

　　人才培养是企业可持续发展和前进的重要途径，企业选拔出内部讲师后，需要进一步对其进行培养，以经验型人才为对象，提炼其过往经验，在企业内部实现传承、转化，最终实现优化和提升企业绩效的目的。

8.3.1　分级培养及培养方式

　　一般来说，内部讲师分为不同级别，我们应该针对不同级别的内部讲师，设计不同的培养内容，如表8-7所示。

表 8-7　内部讲师的分级培养（示例）

讲师类型	主要授课内容	重点培养内容
初级讲师	通用职业化课程 专业初级、中级课程	课程开发与课件设计 授课表达技巧
中级讲师	通用管理能力课程 专业高级课程	组织经验萃取与课程开发 教学设计与教学策略
高级讲师	企业文化与价值观 领导力课程	统筹管理高级培训 建立课程定制工作坊

根据对助理讲师到特级讲师不同级别兼职讲师不同的素质要求，招商银行培训中心匹配各类课程，帮助兼职讲师提高教学技能，使他们真正成为业务伙伴，为企业创造价值。各级别兼职讲师的培养课程如下：

✓ 助理讲师：课件设计与呈现、培训革命

✓ 讲师：TTT 授课技巧、金字塔思维

✓ 高级讲师：课程设计与开发、反思与质疑

✓ 资深讲师：案例编写、管理测评技术与应用

✓ 特级讲师：绩效技术、行动学习催化师

在实践中，内部讲师的培养方式包括两种：一是集中的 TTT（Training the Trainer to Train，即企业培训师培训）培训；二是实践与自学。

1. 集中的 TTT 培训

集中的 TTT 培训是指企业聘请外部专业的 TTT 讲师，为内部讲师进行集中授课，并对合格的内部讲师进行综合认证，完成内部讲师培养。例如，初级讲师具体的培养步骤如下：

（1）集中授课。为内部讲师提供课程开发、授课技巧等培训课程。

（2）课程开发。组建课题小组，选择一门课程进行开发。

（3）审核认证。组建评审小组对课程产出进行审核，并依据讲师能力素质要求完成对内部讲师的认证。

2. 实践与自学

除了集中的 TTT 培训，企业还要为内部讲师提供各类授课机会，让他们在实践中不断提升教学能力，优化教学内容。另外，还可以发放一些较好的辅助

教材，让内部讲师进行自学。

8.3.2　有效萃取个人经验

个人的经验是一笔宝贵的财富。很多人可能都经历过类似的情况，却因为不了解过去的失败教训或未掌握更好的方法，浪费了大量的人力、物力和财力。因此，培养内部讲师首先要教会内部讲师萃取企业经验，将隐性经验显性化。

企业经验是介于通用的学科理论、方法论、模型与企业自身优秀的工作案例之间的抽象知识或技能。企业通过将个体和集体智慧可视化，可以找出企业优秀工作案例背后的思维逻辑与工作方法论，进而推广和复制这些经验，使员工更好地学习、吸收这些智慧的精华。同时，也可从中找出更好的应对工作的处理方法，实现更好的管理。

那如何将个人经验显性化呢？组织可通过相关培训向员工传授工作和方法，按照一定的模板梳理出隐性知识点，或是翻看过往的问题记录，将那些发生频率较高的、具有传播价值的事件进行知识挖掘。

对于内部讲师而言，个人经验显性化就是做好课程设计工作，将各种知识开发成课程。隐性知识显性化、系统化、工具化的过程，是知识管理和课程开发的基础。

首先，内部讲师需要解决课程定位的问题，通过了解学员需求、确定课程目标来确定课程开发主题。课程定位表如表 8-8 所示。

表 8-8　课程定位表

课程名称：	
开发人：	预估时长：
课程背景（为什么要开发这个课程）：	
针对本课题，公司的期望是： 1. 2. 3.	目前存在的问题如下： 1. 2. 3.
学员对象描述：	
本次课程学员对象的特点是： 1. 2. 3.	本次课程学员对象在课堂上可能给培训师带来的挑战主要有： 1. 2. 3.

续表

学习目标（完成本次课程后，学员能够收获什么）：

其次，需要解决内容实用性的问题。内部讲师在确定所要开发的课程前，必须确认相关知识对其他员工的实用性。如果只是一些通用的学科理论知识，就无须下功夫去向大家说明。只有那些解决某个或某类问题的方法、流程，才更具有价值。

最后，内部讲师还要对知识进行结构化处理。美国当代著名教育家本杰明·布鲁姆提出，学习内容可以分为三大类型，即态度、技能和知识。内部讲师可据此划分所要传授的知识类型，对课程进行初步的结构化处理。

在知识管理研究理论和实践中，对隐性知识的研究得到越来越多的重视，这与隐性知识在知识管理中的关键作用密不可分。同样地，重视并开发隐性知识在企业人力资源管理方面，具有提高企业管理效率、增强企业核心竞争力也具有重要的意义。

8.3.3　全面掌握授课技巧

只有课程知识真正被学员吸收并运用到实际工作中去，这门课程才算真正发挥了价值，才能被学员和培训管理者认可。要想达成这样的效果，实用的课程内容是必不可少的，此外还需要内部讲师具备优秀的演绎能力和清晰、明确的表达能力，通过精心设计的场景，充分调动学习者的所有感官，使其实现从外部信息获取到内部思想形成的转化，帮助学员在学习过程中吸收并消化所学知识，从而大大提高培训的效率。

中国银联支付学院院长付伟指出："在社群学习中，关系最大的作用在于它能改变人们对参与学习的价值判断。社群学习中的关系可以降低人们参与学习时的心理负担，带来额外的学习动力，输出额外的价值。"而这种关系的建立就需要在学习过程中保持良好的互动，拉近大家之间的距离，通过情感互动和交流在彼此间产生信任感和亲切感，从而提高学习的效果。

　　入职仅仅三个月，王阳便要给华为某省公司的管理层讲"华为管理实践"这门课。这让她颇有些压力，担心自己不能讲好这门课，尤其在看到学员名单之后，她更加慌了。那些学员不仅年龄比她大了近二十岁，而且职位也非常高。

　　在课程设计上，她思考了许多方面的问题。首先，就是如何跟高层级、高年龄的学员互动，因为只有形成良好的互动，培训的效果才有保证。否则，培训就干巴巴的，学员显然听不进去。其次，课程的内容如何取舍，这需要精准把握，既不能讲得太过于脱离实际，也不能只讲一些基础的内容。一连几天，王阳都在巨大的压力下对课程进行设计。

　　准备上课那天早上，王阳的主管给她发来消息，鼓励她说："我相信自己的眼光才让你讲，按试讲的状态正常发挥就可以。"主管的一番话让王阳卸下了心里的包袱，在课堂上引经据典，发挥自如，还不时地引得全场哄笑。许多学员都相当认可她的授课。

　　有研究证明，在人与人面对面的沟通过程中，7%的信息由语言传播，55%的信息由面部表情以及身体姿势等肢体语言传播，可见肢体语言的重要性。这是通过书本自学、远程语音、录像教学都很难达到的效果。因此，在学习活动中，内部讲师要通过各种方式来保持与学员之间的良性互动。

　　著名培训师鲍勃·派克在多年的培训实践中，通过多次观察培训师和学员的行为，发现抑制学员学习动机的行为之一就是内部讲师很少与学员进行个人接触。因此，内部讲师要多与学员交流互动，倾听学员的意见反馈，这不仅可以让学员感受到关心和重视，同时这些意见对于学习活动的改进有很大的帮助作用。例如，在每次活动开场前，内部讲师可以先和学员做一些热身的小游戏，把大家提前带入学习活动的氛围；或者在学习活动中间也可以穿插一些如抽奖等的小游戏，将这些游戏与学习活动进行有效结合，可以使人产生高度的兴奋及充实感，使学员得到最佳的学习体验，有效保障成果的输出。内部讲师互动控场的方法如表8-9所示。

表 8-9　内部讲师互动控场的方法

序号	方法	作用
1	团队竞赛法	以团队 PK 的形式激发学习者的学习积极性，活跃课堂气氛
2	问题研讨法	让学员针对某个具体问题情境展开探讨，一来是提升学员的参与度，二来也能从中产生新的智慧
3	角色扮演法	增加学员之间的交流，培养团队精神，为学员提供实战的机会
4	案例分析法	挑选典型案例，让学员分组参与讨论，能够充分调动学习积极性，让学员对学习过程印象深刻

尽管培训不能完全依赖于"讲"，但"能讲"也是做好培训的基础。传统的学习活动可能枯燥无味，学员的学习积极性不高，而通过加入多种多样的互动方式，可以有效提高学员对学习的兴趣，找到学习的乐趣所在，从而收到良好的学习效果。

8.4　内部讲师的管理

企业内部讲师队伍的组建和管理并不是一件容易的事情，很多培训管理者可能并没有学习相关知识，对内部讲师队伍的管理缺少系统规划，导致工作效率不高。为了提升内部讲师队伍管理水平，培训管理者需要明确内部讲师的使用管理、激励机制以及成长通道。

8.4.1　内部讲师的使用管理

越来越多的企业随着时间的推移和业务的发展积累了丰富的知识和经验，为了传播和传承这些知识和经验，需要充分开发、合理利用内部人力资源，实现内部资源的整合，规范内部讲师队伍的使用管理，营造企业知识共享的学习氛围，实现企业的可持续发展。

1. 内部讲师的档案管理

企业人力资源部门是内部讲师档案管理的归口部门，负责统一管理内部讲师的评聘、评审、授课管理等工作。内部讲师的档案管理内容如表 8-10 所示。

表 8-10　内部讲师的档案管理内容

序号	档案类型	具体内容
1	基本档案	基本概况、专长、课程、评审时间、评审成绩、等级等
2	授课档案	授课信息（时间、学员、课程等）、培训效果评分等
3	所讲课程档案	课件、教案、考核及评估方案等

2. 内部讲师的聘任管理

为了明确内部讲师的教学职责，发挥内部讲师在企业内部培训中的作用，企业需要对内部讲师的聘任管理进行明确规定。

某企业内部讲师的聘任管理制度如下：

（1）为经过评选考评合格的内部讲师，颁发内部讲师聘书，每个讲师有效任期为两年，届满根据考核结果可续聘、晋升或解聘。

（2）企业内部讲师统一由企业管理与使用，合理调配内部讲师师资。企业根据工作需要提前 15 天下达培训任务书，各部门给予积极配合，合理安排工作，保证内部讲师按照培训计划进行工作。

（3）内部讲师应加强学习、提高自身专业水平，在接到培训任务书后，积极备课，不断改进教学方法，保质保量完成培训任务。

（4）内部讲师必须按时完成企业下达的培训任务。因个人原因未能完成培训任务的内部讲师，取消其当年优秀内部讲师评选资格。

（5）内部讲师授课结束后由参加培训的学员和主办部门对讲师进行综合评价，以此作为内部讲师年度和届满考评的主要依据。

3. 内部讲师的考评管理

为了避免有些内部讲师忽略培训工作的重要性，不能保证为其他员工授课的质量，企业需要制定内部讲师的考评管理制度，以提高内部讲师队伍的整体素质，真正发挥"用优秀的人培养出更优秀的人"的作用。

某企业内部讲师的考评管理制度如下：

（1）每年年末对内部讲师的工作态度、授课任务完成情况、授课技艺、培训效果等进行综合评价，得分在 70 分及以上者为称职内部讲师，并将考核结果向内部讲师所在部门进行反馈，作为培训评先选优活动和内部讲师续聘的重要依据。

（2）每年将年度综合评价得分达到 85 分及以上，完成教学任务，培训质量和效果等方面成绩突出者，评为企业年度优秀内部讲师，并给予表彰奖励。

（3）在内部讲师任期期满时，企业考评组对内部讲师进行综合考评，根据个人工作总结、学员满意度测评、培训主办部门评价等进行综合评定，对教学态度差、不能履行内部讲师职责、教学质量不能保证和难以完成培训教学任务的内部讲师予以解聘。

另外，值得注意的是，内部讲师的授课内容很可能涉及企业内部机密等，因此，企业还须制定内部讲师的涉密管理制度，确保内部讲师不得以任何形式泄露企业涉密课件、数据、流程、工艺等内容，有效维护企业的知识产权。

8.4.2　内部讲师的激励机制

很多企业在组建内部讲师队伍之初，经常会抱怨一些内部讲师的授课技巧不足、授课激情不高。究其原因，一方面是很多内部讲师是第一次走上讲台当众向其他人讲授知识，他们的经验不足以使其生动化呈现课程内容；另一方面是企业对内部讲师的激励做得不到位。在外聘培训师的时候，有些企业可以支付高昂的课酬，与之相应的当然是培训师授课激情高、授课技巧丰富。但是在面对内部讲师时，有些企业却不愿意支付足够的报酬，甚至认为内部讲师授课是理所应当的。

作为企业的赋能中心，企业培训组织必须建设一支优质的讲师队伍。但是任何事物都需要一个起步和发展的过程，企业培训组织也不例外。吸引优秀人才加入讲师队伍需要一步一步来。一开始可能无法吸引优秀人才，但是待遇提升上去，优秀人才自然也就愿意加入了。也就是说，在讲师的待遇上要首先体现在实处，让优秀人才看到讲师待遇的提高。

对内部讲师的激励包括两种方式：物质激励和精神激励。

1. 物质激励

建立内部讲师的评级制度，每个级别讲师的待遇不同，同时按授课质量、培训满意度来发放培训课酬。

任正非说："我们是先给予，再贡献。你们现在不要强行想象能建立一个理想的企业培训组织，不理想也是培训组织，来讲课的讲师差一点也是讲课。若不先给差的讲师奖励，就没人相信你会改革，就吸引不了优秀的讲师进来。我们现在是万事在求人，必须要有正确的导向。"在对讲师队伍的物质激励上，任正非提出，要首先保障讲师的著作权。讲师的讲课和课程都需要有著作权，华为员工培训中心向讲师付费购买讲师的著作权，并作为华为的培训资源对外开放。而接受培训的一方，无论是企业内部部门还是企业外部客户都需要向华为员工培训中心支付一定的费用。

华为员工培训中心兼职讲师的课酬受多种因素影响，包括兼职讲师级别、授课时长、学员满意度、工作/非工作时间授课等，如表8-11所示。

表8-11　华为员工培训中心兼职讲师课酬

角色	级别	工作时间课酬标准		非工作时间课酬标准	
		元/天	元/小时	元/天	元/小时
讲师	教授	8000	1000	16000	2000
	副教授	5000	625	10000	1250
	高级讲师	3000	375	6000	750
	讲师	2000	250	4000	500
引导员	高级引导员	4500	562.5	9000	1125
	引导员	3000	375	6000	750
班主任	班主任	2000	250	4000	500

2. 精神激励

除了物质激励，满足内部讲师的成就感和荣誉感也非常关键，这包括建立内部讲师的职业发展通道、对讲师进行内部营销等。

（1）建立内部讲师的职业发展通道。设立关制度，确保担任内部讲师并达到一定考核标准后的员工享有职位晋升的优先权，从而激发员工做内部讲师的驱动力。

（2）对讲师进行内部营销。举办内部讲师培训班、讲师大赛等活动，对优秀讲师个人进行包装推广，帮助讲师建立个人影响力，从而吸引更多优秀人才加入内部讲师队伍中来。

在精神激励方面，任正非提出，讲师队伍也要设计晋升通道。讲得好的干部可以往更高阶的管理岗位调动，讲得好的技术骨干可以往高层的专家岗位调动。华为员工培训中心要让所有的华为员工认识到，讲师并非职业生涯的终点站，而是通往高阶岗位的中转站。讲师队伍应该是优秀人才的集结地。

建立起行之有效的物质和精神激励机制之后，便能够鼓励优秀人才加入内部讲师队伍，并且以认真、负责的态度讲好课程。而当好了讲师既增加收入，也利于晋升，这就使得师资队伍建设能够进入良性循环。

8.4.3　内部讲师的成长通道

不同企业对于内部讲师的资质评定是不一样的，但相同的是，每个企业的人力资源部门每年年末都要对内部讲师进行年度考核，通过考核的内部讲师才有资格申请晋升。内部讲师在填写晋升申请表后，由人力资源部门统一组织现场评审，通过者晋级，未通过者继续保留原级别。

联想集团讲师成长管理路径如下：

1. 员工—讲师

员工根据公司的标准填写申请书经直接上级批准后，提交培训中心，接受面试（大区人员可接受电话口试）及笔试，进入候选讲师队伍；候选讲师参加培训中心组织的集中培训，通过面试及笔试并经过培训中心认证小组审核后，在一个月时间内进行试讲，符合标准者成为公司讲师，培训中心将通知讲师所在部门并与讲师签署联想集团讲师协议。

2. 讲师—高级讲师

讲师根据联想高级讲师能力标准规定，在认为自己符合高级讲师要求的前提下，经直接上级批准，向培训中心提交申请书，接受面试，并通过培训中心认证小组审核后，在一个月时间内进行试讲，符合标准者成为公司高级讲师。

3. 高级讲师—资深讲师

高级讲师联想根据资深讲师能力标准规定，在认为自己符合资深讲师要求的前提下，经直接上级批准，向培训中心提交申请书，接受面试，并通过培训中心认证小组审核后，在一个月时间内进行试讲，符合标准者经过公司审批，成为公司资深讲师。培训中心将通知资深讲师所在部门并颁发资深讲师胸牌和资格证书。

在对师资队伍的管理上，华为也建立了分级管理的机制。华为员工培训中心的兼职讲师有讲师、引导员和班主任三种角色，项目组的每个角色都由业务部门和培训中心共同确认。

讲师就是承担有正式教材的课程讲授，或带领学员开展演练、研讨等活动的兼职讲师，如在新员工入职引导培训中讲授华为核心价值观模块的讲师；引导员是在班级中进行案例分享、案例点评、与学员座谈、对学员进行评价等活动的兼职讲师，如高研班引导员、青训班实践答辩评委等；班主任是承担教学任务的兼职讲师，该角色由项目委托方与华为员工培训中心共同确认。各角色有不同的级别，每个级别对兼职讲师的职级、授课累计时长和学员满意度都有一定的要求。引导员的级别分为引导员和高级引导员。讲师的级别由低到高分别是讲师、高级讲师、副教授、教授。

在讲师的级别晋升上，华为员工培训中心不仅要考虑讲师的考核结果，也要看职级、授课累计时长和学员满意度。讲师只有在日常授课中不断积累经验，才能晋升至更高的级别。

8.5　外部讲师的管理

对于大多数中小企业来说，他们尚没有建立起自己的内部讲师队伍，因此仍然需要邀请外部讲师来企业授课，或派员工外出参加外部讲师讲授的公开课。而那些已经有成熟的内部讲师队伍的企业，由于内部讲师也无法胜任所有的课程，因此他们也需要外部培训师。这就要求培训管理者也要做好外部讲师的管理工作。

8.5.1　内外部讲师的优劣势分析

无论是内部讲师，还是外部讲师，都各有其优劣。培训管理者只有明确内外部讲师各自的优缺点，才能为员工培训选择合适的老师。内外部讲师的优劣势分析如表 8-12 所示。

表 8-12　内外部讲师的优劣势分析

讲师类型	优势	劣势
内部讲师	直接成本低	授课技巧有限，授课热情不高
	课程内容更有针对性	知识面不足，看待问题受环境影响
	有利于学习型组织的构建	难以在学员中树立威望
外部讲师	可获得高质量的培训师资	培训费用高昂
	能带来一些不同的、全新的理念	课程内容与企业实际需求难以完全匹配
	对学习者来说更有吸引力	讲师可能缺乏行业实战经验

对内外部讲师的优劣势的分析主要包括培训费用、课程内容以及现场感染力。

（1）从培训费用来看，内部讲师的成本远低于外部讲师。企业聘请外部讲师除了要支付课酬，还要负责讲师的交通食宿费用，甚至包括讲师附带的助教老师，一天的培训费用少则几千元，多则几万元。尽管计算培训成本不能局限于费用方面，应该考量学习效率。但是在大多数情况下，聘请外部讲师的学习效率并没有比任用内部讲师的学习效率高出很多。

（2）从课程内容来看，内部讲师的课程内容更能匹配企业需求。内部讲师大多在企业内部有较长工作时间，并且有丰富的工作经验，对于企业内部的情况以及学员的知识、能力等都较为熟悉。这样一来，内部讲师在设计培训课程内容、形式等方面就会更有针对性，能够根据实际情况来调动学员的积极性，帮助他们较快地实现从学习成果到实践行为的转化。而大多数的外部讲师更多的是讲授通用的知识、方法和工具，没有根据企业实际情况修改既定的课程，难以对学员的行为转化起到实质性的作用。

（3）从现场感染力来看，内部讲师在学员心中的权威感不如外部讲师。外部讲师被广泛认为是某个知识和工作领域的权威，所以学员在潜意识里就认定了外部讲师所传授的知识和技能更加可信和可靠。相比之下，内部讲师在学员眼里的权威感自然就低了。再加上内部讲师在授课技巧、授课热情方面的不足，也容易让学员对内部讲师的专业能力产生怀疑，最终导致培训实施效果不佳。

8.5.2　引进外部讲师的标准与流程

近年来，越来越多的企业开始重视培训工作，因而形成了广阔的培训需求市场，随之涌现了一批又一批的培训讲师，这些培训讲师的素质参差不齐，很多培训讲师并没有企业实战经验，也没有拿得出手的培训方法和工具，完全依靠一些市场包装手段掩盖其不足。因此，培训管理者在聘请外部讲师时必须认真考察和评估其能力和素质。选择外部讲师的标准如表 8-13 所示。

表 8-13　选择外部讲师的标准

序号	核心标准	具体要求
1	讲师企业背景	理念、经验及业绩、专业师资、课程水准、项目服务流程、对行业了解程度
2	讲师背景	教育背景、工作背景、性别/年龄、教龄/课时数、客户及客户评价
3	讲师专业度	课程体系、研究成果、课程大纲、专业形象、课程内容、授课风格
4	讲师的企业配合度	课前沟通、针对性地调整课程、对行业的了解程度、售后服务、对企业的尊重程度

众多培训管理者在选择外部讲师时，通常会以讲师的知名度为衡量标准，尽管这些知名度较高的讲师授课"翻车"的概率较小，但是还是需要对讲师专业知识和培训技能进行全面评估，因为正确地选择培训讲师是培训项目成功的关键，外部讲师评估表如表 8-14 所示。

表 8-14 外部讲师评估表[1]

能力类别	评估项目	评估标准（很好：5分；较好：4分；一般：3分；较差：2分；很差：1分）					评估得分	权重设置	得分（分）
专业知识	教育背景	1分□	2分□	3分□	4分□	5分□			
	行业工作经验	1分□	2分□	3分□	4分□	5分□			
	专业工作经验	1分□	2分□	3分□	4分□	5分□			
	著作或文章	1分□	2分□	3分□	4分□	5分□			
	知识系统性	1分□	2分□	3分□	4分□	5分□			
	知识实用性	1分□	2分□	3分□	4分□	5分□			
	知识面	1分□	2分□	3分□	4分□	5分□			
培训技能	从事培训工作时间	1分□	2分□	3分□	4分□	5分□			
	行业知名度	1分□	2分□	3分□	4分□	5分□			
	服务过的企业数量与评价	1分□	2分□	3分□	4分□	5分□			
	语言感染力	1分□	2分□	3分□	4分□	5分□			
	形象亲和力	1分□	2分□	3分□	4分□	5分□			
	培训形式与内容	1分□	2分□	3分□	4分□	5分□			
	与企业配合度	1分□	2分□	3分□	4分□	5分□			
综合评估得分									

8.5.3 外部讲师的授课评价管理

培训管理者在选定外部讲师承担授课工作前，需要针对培训需求、培训目标、学员情况等内容与外部讲师进行充分沟通。双方在授课内容等方面达成一致后，才能让外部讲师承担授课任务。如有必要，培训管理者也可以对外部讲

---

[1] 张诗信，秦俐. 成就卓越的培训经理 [M]. 北京：机械工业出版社，2011.

师的授课大纲或课件内容进行审核。

在外部讲师完成培训授课任务后，培训部门不仅要组织学习者对外部讲师的授课情况进行教学评估，还要填写外部讲师授课记录表，如表8-15所示。对于那些不能满足培训需求、评估结果较差的外部讲师，培训部门不得再将其作为外部讲师人选。

表8-15　外部讲师授课记录表

讲师姓名		年龄		顾问公司	
专业		学历		毕业院校	
个人简历及工作经历					
授课经历					
授课课程		授课时长		授课费用	
课后调查结果汇总					
对顾问公司整体评价					
对培训组织有何建议					
培训主管： 日期：					

总的来说，企业在选择培训讲师时，可以根据培训内容来确定。例如，与企业特征密切相关的操作知识与技能等适合采用内训；前沿理论等则适合采用外训。对于一些比较好的外训课程，也可以让内部讲师去培训学习，然后转化成内部课程在企业内宣讲，从而降低企业培训成本。

第 9 章
企业培训组织数字化转型

在充满变数的商业环境中，越来越多的企业管理者意识到，强大的组织能力是企业实现可持续发展的关键因素。而随着数字化技术的不断发展，构建数字化企业培训组织已成为企业提升组织能力、有效应对市场竞争的必经之路。

9.1 数字化技术改变学习

21 世纪，人类进入了信息时代，现代信息技术的不断发展为组织学习提供了切实可行的技术、方法和工具，同时也要求企业要改变传统的学习观念、教学方式，充分利用信息技术改变组织学习方式，从而提升学习者的学习体验。

9.1.1 组织学习的发展与转变

目前，职场中的主力军是"80 后""90 后"，他们的生活已经离不开数字化产品和互联网，学习也不例外，"互联网＋企业培训"的模式逐渐被更多人所接受。领英学习（Linkedin Learning）在《2020 年全球企业学习报告》中指出：连续 3 年间，57% 的培训负责人希望企业加大对线上培训的投入。

随着信息技术在培训中的应用，传统教学模式逐渐转型为信息化教学模式，相应地对学员学习体验也产生了全方位的影响，主要体现在以下几方面。

1. 激发学习兴趣

信息技术具有包括播放视频、音乐配合、开展虚拟游戏等能够丰富教学活动的多种呈现方式。将信息技术融入教学，实现图、文、声并茂，使枯燥无味的学习变得体验感极强，从而激发学员的学习兴趣。和传统的板书授课相比，使用信息技术授课可以充分调动学员的各种感官，改变以往学员被动学习的局面，实现主动学习。

2. 提高学习效率

科学研究证明，人类通过各种感官获得知识的比率分别是：视觉为 83%，听觉为 11%，其他感官为 6%。可见，在教学过程中，充分调动学员的各种感官，对提高其学习效率有一定的作用。一方面，信息技术多样化的呈现方式通过对学员各种感官的刺激，有效提高了学员获得知识的比率。另一方面，学员在学习的过程中也可以借助信息技术的力量，解决平时无法解决的学习难题。并且，信息技术的丰富性，给学员提供了多种思路和学习路径，学员可以根据自身情况，选择最合适的学习方式，从而提高其学习效率。

3. 改进学习方法

信息技术将传统教育中"讲师用一种方法教几十个人"的状态，变为现代教育中"让每个学习者选择自己的学习方法"。接受能力差一些的学员可以选择循序渐进的学习方法，一边接受新知识一边巩固。而学习能力强的学员可以选择跳跃性的学习方法，最大化地节约时间，获得更多的知识，再也不用迁就同一课堂中的其他人。除了时间上的可选择性，空间上的界限也被打破，互联网的全球性实现了在全世界寻找学习伙伴、老师的愿望。

从 2013 年开始，海尔人单合一研究中心聚焦于打造开放学习平台，让员工主动参与学习，帮助他们实现成长。过去是组织业务部门做培训规划，现在是研究中心为项目学员搭建学习平台，让学员自己提出培训需求、自己参与设计，如图 9-1 所示。学员从被动接受培训到自发形成学习社群，自主运营学习项目。

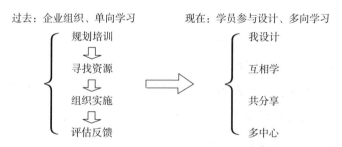

图 9-1　海尔人单合一研究中心过去和现在的学习模式对比

过去，海尔人单合一研究中心为员工提供线下的标准化课程。现在，海尔人单合一研究中心通过线上、线下形式定制学习场景，实现按需定制、快速迭代。不仅可以由学员选择定制学习场景，而且能够结合能力与人才发展需求进行智能化推荐学习课程。在线上智能学习方面，通过积累用户个性化数据，结合工作场景，匹配智能标签，实现课程智能推荐、学员按需学习。在线下场景学习方面，结合实际经营问题，设计实际工作场景，为员工提供场景化学习方案，解决实际经营难题，促进组织绩效的提高。

移动互联网、大数据、人工智能、虚拟现实等信息技术为企业学习提供了战略性机遇，不仅可以为企业提供新的知识管理工具，同时也改变了企业学员的学习体验，提升了企业知识的传播速度。企业学习将进入全新的数字化学习时代，更好地服务于企业人才培养战略。

9.1.2　什么是企业数字化学习

企业数字化学习是指在企业培训体系中融入数字化技术，用数据驱动学习项目的设计和运营，强化学员的学习体验，从而提升学习效率、增强学习效果的一种全新学习模式。

数字化学习具有三个要素。第一，数字化的学习环境，具有信息显示多媒体化、信息传输网络化、教学环境虚拟化等特征。第二，数字化的学习资源，包括数字化音 / 视频、多媒体软件、在线学习管理系统、数据库等。第三，数字化的学习方式，即学员和讲师利用数字化平台和资源进行互动讨论、学习的方式。

当下，企业数字化学习已经成为未来企业培训的必然趋势。那么，企业数字化学习转型应该怎么做呢？具体可以从以下三个方面入手。

1. 融合先进的数字化技术

当前，很多企业将课程视频上传到网上，以微课或直播的形式开展培训学习活动，这并不是真正意义上的数字化学习。企业数字化学习需要用恰当的方法，将最先进的数字化技术（包括 AI、云计算、大数据等）与企业培训体系相融合，让赋能活动对组织能力提升发挥最大的效能。

例如，AI 技术可以让培训学习的中心从培训者转向学员，是企业数字化学习得以实现的技术保证；5G 让短视频、直播培训等学习模式更为流畅，但它同时也要求企业培训中心具备新的能力，如互动教学、直播运营等。

2. 提供个性化的学习支持

统一的培训内容不再适用于当下员工的学习发展需求，"个性化"的培训学习才是他们最希望的。解决员工的个性化学习需求，一是需要升级内部学习系统，通过智能学习系统收集企业内部数据。二是通过分析数据，了解各类岗位的知识结构，绘制岗位地图，定位员工角色与技能水平，从而规划出员工的个性化学习路径。

3. 学习设计与运营的数字化

数字化技术的最大好处就是可以把发生的一切都模型化与数据化，学习设计与运营同样也是由数据驱动的。

例如，在线上学习平台中，学员学习时长、频次、考试分数等数据背后都可以反映出学习过程和结果。通过分析这些数据，企业可以进行培训效果评估，同时也能更加精准地进行培训管理，如可以用学习自主完成率来评估课程质量、用测评数据分析学员能力短板等。

此外，员工的学习数据还有更多值得挖掘的内容。未来，企业学习的数据驱动效果会越来越明显，培训管理者要学会利用大数据改进培训方式，提升企业学习效果。

9.1.3　构建数字化企业培训组织

新环境形势下，企业更加关注人才管理和组织能力建设，企业培训组织则是聚焦人才管理和组织能力建设的重要平台。数字化转型热潮也助推企业培训组织由线下走向线上。

企业培训组织的数字化转型给企业带来了很大的价值。一是大大降低员工赋能成本。通过数字化学习平台，企业可以在短时间内组织所有员工在适当的时间展开学习，节省人力、物力、财力等赋能成本。二是可以提升培训运营效率。采用数字化学习的方式，企业可以用有限的资源做更多有效的事情，而且速度更快。三是打造线上学习社区。数字化学习平台无形中充当了线上的虚拟社区，学员可以根据共同的兴趣和学习话题，在线上展开更多的互动。

一般来说，企业在构建数字化企业培训组织时需要重点关注三个方面。

1. 紧密关联业务

企业培训组织为员工赋能的目的是推动企业业务增长，实现企业可持续发展。企业培训组织进行数字化转型也需要从业务出发，通过数据收集与分析更好地为员工赋能，注重解决实际业务问题。

2. 完成知识沉淀

将岗位优秀经验进行提炼、梳理、整合，总结出相对通用的理论、方法论，进而建立企业知识库，可以实现经验在企业内的复制、传承。对企业来说，充分利用组织的知识资源、发挥知识价值，可以使企业其他资源的价值也得到成倍放大，是企业建立竞争优势，持续盈利的重要保障。在经验复制、传承的过程中，数字化企业培训组织要充分发挥平台作用，积累组织核心知识资产，并实现知识在整个企业范围内的快速传播与应用。

3. 构建研究能力

当前，很多企业培训组织只具备为员工赋能的能力，还缺乏"研究"的能力。事实上，企业培训组织应该在战略管理、人才发展、运营管理等方面为企业提供智力支持，这就要求企业培训组织具备构建趋势性研究的能力，通过不断地收集新的数据，针对企业和企业培训组织发展现状找到更好的发展方向和路径。

但企业培训组织在进行数字化转型时也会存在一些难点，比如，数字化平台搭建门槛高、成本高、周期长，在线学习项目设计与运营难度大等。因此，企业在构建数字化企业培训组织时要提前考虑好这些问题。

9.2　线上学习平台的建设

线上学习平台是数字化企业培训组织中的重要支撑，越来越多的企业开始重视线上学习平台的搭建，但这是一项系统化工程，需要企业系统地进行规划和建设，从企业战略和人力资源开发策略出发，充分利用信息技术，使线上学习平台的定位与内容更符合企业和学员的需要。

9.2.1　线上学习平台的发展

线上学习平台是依靠信息技术建立起的进行线上教学的活动平台，信息技术的发展决定了线上学习平台的技术成熟度。与传统的学习方式相比，线上学习平台具有低门槛、高收益的特点，但也极大地依赖信息技术。线上学习平台的发展大致经历了三个阶段：录播式在线学习、直播式在线学习、实时互动在线学习。

1. 录播式在线学习

20 世纪 90 年代网络技术开始发展，以网络为媒介的线上学习平台也随之发展起来，这个阶段由于受到技术的限制，基本上所有的在线学习都是以录播的形式存在的。例如，新东方、沪江网校等线上学习平台，就是从做录播课开始的。将讲师教授的授课录制下来，上传到网站上，学习者再根据自己的实际情况选择合适的学习内容。录播式线上学习平台的出现，打破了传统学习方式时间和空间的界限，实现了师资力量在网络世界里的知识付费共享。录播式在线学习的优缺点对比如表 9-1 所示。

表 9-1　录播式在线学习的优缺点对比

序号	优点	缺点
1	课程成本基本固定，具有可控性	互动性较差，容易降低学习效率
2	学习者可以随时随地获取课程内容	前期录课成本偏高
3	可以对课程内容进行剪辑，避免错误，使得内容更精准	内容容易过时，需要经常更新

2. 直播式在线学习

21 世纪初互联网技术蓬勃发展，以互联网为依托的在线学习也迎来了爆发式的进步，在线学习真正实现"在线"。在这个阶段大多数培训机构都采取直播式在线教学的形式，即老师直播授课，学生在线学习并进行互动。例如，第九课堂、多贝网等线上学习平台顺应时代潮流，逐渐发展起来。直播式在线学习不仅提高了学习效率，降低了学习成本，而且改变了学习方式。但因为受到一些条件的限制，这种学习方式仍然难以实现最佳学习效果。直播式在线学习的优缺点对比如表 9-2 所示。

表 9-2　直播式在线学习的优缺点对比

序号	优点	缺点
1	互动性强，学习者的注意力相对集中	参与课程人数难以保证，人数太少容易导致成本过高
2	课程内容可随时进行更新，不需要花太多录制与维护成本	容易受网速等的影响，导致课程流畅度不高
3	可及时掌握学习者的学习情况	"明星讲师"有跳槽的风险

3. 实时互动在线学习

学习是一种即时性的活动，而每个学习者作为独立的个体，对知识的反应是不同的，因此最佳的学习状态是兼备个性化、即时性的，但不论是录播式还是直播式在线学习，都无法完全实现这一点。在这样的背景下，一对一双向实时互动在线学习就成了线上学习平台发展的新方向。

"不懂就问"教育平台创造性地在线上教育行业采用了"白板"技术，实现了视频和语音同步，学生可以与老师进行直接对话，基本实现了"一对一"的个性化教学需求。

随着互联网技术的发展，线上学习平台迎来了一次又一次的变革，让学习者与老师实现了线上沟通，不仅满足了学习者的个性化需求，而且契合学习的本质规律，真正地改变了传统的学习方式。

9.2.2　线上学习平台的搭建方式

线上学习平台从时间、空间和资源上突破了传统学习方式的局限，可以实现碎片化学习、随时随地进行学习、广泛地获取学习课程资源和教师资源，它凭借低成本、易管理、可扩展、无限制的特点，被越来越多的培训管理者青睐。

但是也有培训管理者反映，企业花了大量的精力来搭建线上学习平台，在实际应用中却没有达到想象中的效果。究其原因，我们不难发现有些培训管理者在选择线上学习平台时，并没有从企业自身需求的角度出发，而是喜欢随大溜，迎合市场的喜好，导致线上学习平台的使用效果不佳。

对于培训管理者来说，可供选择的线上学习平台有这么多，到底该如何选择呢？培训管理者选择线上学习平台需要考虑的因素如表 9-3 所示。

表 9-3　选择线上学习平台需要考虑的因素

序号	考虑维度	具体说明
1	企业规模	企业规模较大，员工较少有机会集中进行线下学习，可以选择硬件条件较好的线上学习平台
2	员工素质	线上学习平台对学习者的计算机操作能力和自我学习能力有较高的要求，这是企业必须要考虑的问题
3	文化氛围	为使线上学习在企业内长期维持下去，必须要有强势的企业文化，避免来自各方的阻力
4	与工作关联度	学习最重要的就是学以致用，线上学习平台提供的内容和资源必须与员工的工作紧密相关
5	学习体系	完整的学习体系是有计划地把不断更新的知识、技能、经验，及时、有效地传递给员工

除了选择合适的线上学习平台，其使用效果还受诸多因素影响，包括学习者的参与热情、管理者的重视与支持度等。培训管理者在选择或搭建线上学习平台时，要综合考虑多方面的因素。

一般来说，线上学习平台的搭建方式包括三种：自主开发、合作租聘和购买新平台。

1. 自主开发

自主开发线上学习平台对企业各方面的能力要求较高，一方面，企业需要具备强大的经济实力来支撑平台的建设，毕竟线上学习平台不是几天就能搭建好的，企业要做好可能需要漫长的试错时间的准备；另一方面，企业要有足够的人才支撑，因为平台搭建需要精湛的网络信息技术能力，如果企业缺乏这方面的人才，就不要轻易选择自主开发线上学习平台，否则就是浪费资源。

2018 年，京东集团正式上线教育事业部。京东教育负责人钱曦认为，目前教育行业机构关注的焦点在于，如何通过互联网获客和提升服务质量。因此，京东教育首先做的就是搭建线上学习平台。在平台搭建方面，京东既具有经济实力，又有电商平台搭建的经验。钱曦表示："平台可以满足机构开设直播课和录播课等常规需求，并开放给所有入驻机构，同时还允许机构自行对个性化需求进行开发。"

自主开发线上学习平台也有其优点。首先，在内容和功能方面，可以按照企业自身的需求来进行定制，更好地满足学习者和培训管理者的需求；其次，在知识产权保护方面，自主开发平台可以提升组织知识和经验的安全性、保密性；最后，自主开发线上学习平台也是对员工能力的一种锻炼，员工在平台搭建过程中，不断提升各方面的能力，从而为组织做出更多的贡献。

2.合作租聘

目前，市场上有很多线上学习平台服务供应商，他们有着丰富的通用课程资源、成熟的线上学习平台和完善的服务系统，企业可以与他们开展合作，租用他们的线上学习平台，这样也不会对企业财务造成太大的压力，同时也可以满足员工的在线学习需求。

时代光华是基于网络在线的组织学习方案服务商，以网络学习服务（E-Learning）为主业，业务涵盖内容资源服务、提供学习平台、课件软件定制、公开课、内训等。其时光易学网院平台有着丰富的课程资源、多元的学习入口，旨在帮助企业构建一站式学习平台，全面加速企业人才培养和绩效转化。该平台具备选课、考试、学习地图等基础功能，娱乐化学习等活跃功能，构建知识生态的内容运营功能，以及培训管理功能和数据运营功能。

3.购买新平台

有些企业并不具备自主开发线上学习平台的能力，但是平台服务供应商提供的课程内容又难以满足企业需求，这种情况下企业可以购买独立线上学习平台，并对其进行二次开发，以适应企业的实际需求。这样的方式更加有利于将企业的大部分员工纳入网络学习中，同时实现组织知识、经验的积累和管理。

不可否认的是，好的线上学习平台是实现员工在线学习和培训的重要载体，企业不论是选择哪种方式来搭建线上学习平台，都要讲究平台功能的实用性。

9.2.3 线上学习平台的功能规划

线上学习平台是一个包含教学、辅导、测试等多种服务在内的复杂的线上教学系统，一个比较完整的线上学习平台应包括以下几个模块，如图9-2所示。

图 9-2 线上学习平台功能模块

1. 学习工具

为了使学习者更好地在线上学习平台上进行学习，需要给他们提供一系列学习辅助工具，如书签工具、笔记工具等。同时，为了检验学习者的学习成果，还需要提供作业提交与批改工具等，方便培训管理者对他们的学习成果进行评估，以便后续学习项目的优化和改进。这些帮助学习者开展学习的辅助工具都属于学习工具模块。

2. 答疑解惑

在学习的过程中难免会遇到不懂的问题，这时答疑解惑模块就显得非常重要，学习者可以通过此模块向老师进行提问。基于目前的互联网技术，答疑解惑模块分为两部分，一部分是反馈系统，学习者反馈问题后，系统将问题转移到老师版块中去，在约定的时间内由老师提供答案；另一部分是系统答疑，学习者提交问题之后，由系统对问题进行关键词切分，然后根据数据库内容进行自动答疑。但是，系统答疑需要建立在数据库信息系统化和完善化的基础之上，否则容易出现答非所问的情况。

3.学习资源

因为学习者需要进行预习、复习等自习行为，所以线上学习平台需要给他们建立一个资料丰富的资源库。但鉴于目前的国内情况，网上的资源库较为封闭，共享性较差。因此在线上学习平台的搭建中，要着重突破这一限制，建立开放、共享的资源库。同时，资源库需要有强大的检索功能，可以在复杂的资源库中迅速检索出想要的内容，真正实现资源共享。

4.教学评价

教学评价模块是整个教学体系中最重要的一环，也是线上学习平台能否搭建成功的关键，教学评价对教学活动起着导向作用，是教学活动的指示灯。构建线上学习平台的目的是摆脱传统教育对人的束缚，真正实现以人为本的个性化学习。

5.学务管理

学务管理模块包括两个部分：教学管理和教务管理。教学管理主要指的是教学大纲、教学安排等，学习者可以在这个板块了解到整个年度的教学计划，然后根据自己的实际情况制定学习目标。建立教学管理系统的同时，应该注意搭建服务性信息交流的辅助工具。而教务管理主要包括学习者的课程信息等，同时也是老师向学习者传达信息的一个方式。

6.维护支持

维护支持模块是为了保证线上学习平台的正常运行而搭建的，主要提供的是技术方面的服务，一个系统想要长久地存活下去，必须进行定期维护、更新以及解决使用过程中出现的问题。

作为一个优秀的线上学习平台，必须具有完善的学习管理功能，才能支撑企业学习活动的正常开展，为员工培训提供系统的解决方案。除此之外，还需要有优质的学习内容，内容有了保障，才能够达成企业学习的目标。

华为员工培训中心很早就着力开始打造自己的网络化学习资源库，华为的IT系统是一个统一的大平台，里面包含了学习资源库，并且还在不断地对其进行探索和优化。借助于这个统一的 IT 系统平台，华为的员工、客户、合作伙伴，能够根据需要自由安排网上学习和培训考试。

为了确保学习资源的有效性，企业可以通过三种方式来开发学习内容。

（1）从外部购买高质量的成熟课程。一般来说，企业的通用技能和职业素养的课程可以从外部购买，有很多平台都提供这类课程，不仅内容专业、丰富，而且制作精美、形式多样。

（2）组织业务专家进行学习内容开发。业务专家有着丰富的经验，他们能更准确地把握业务需求，帮助其他员工快速提升岗位技能。

（3）鼓励员工自己开发学习内容。每个人都有自己对于业务的理解，其中也有很多真知灼见。企业可以从中挑选一些质量好的内容补充到学习资源库当中。

这样通过各种形式共同建立的学习资源库，不仅集合了各方的智慧，发挥最大的优势，同时资源库建设的过程也是学习的过程，是组织智慧提升的过程。

9.3　数据驱动的业务体系

企业培训组织数字化转型要求企业充分借助大数据时代的信息技术来建立高效的培训管理体系和专业化的培训管理模式，为企业源源不断地培养合适的人才，促进企业不断发展。

9.3.1　数据在培训管理中的应用价值

当下，企业培训管理需要与时俱进，运用大数据思维进行培训管理工作，以提升培训的效率和效果。总的来说，数据在培训管理中的应用价值包括以下四个方面。

1. 增强对未来业务的洞察力

面对快速变化的外部环境和企业战略，培训管理者应该通过数据分析，提高对未来业务的洞察力，制定与企业战略基本一致的培训管理长期规划，有针对性地提升员工业务技能，为企业持续快速发展提供良好的人才队伍保障。

2. 精准定位员工培训需求

通过分析、计算、处理海量数据，企业可以找出员工的学习需求以及喜欢的学习方式。一是根据所获得的数据归纳、总结不同岗位职责所需的素质特征，以及培养这些素质特征所需要设计的课程。二是掌握员工当下知识、技能方面的基本情况，并及时跟踪其变动情况，通过数据分析，了解员工哪些方面的知识、技能需要提升、需要什么层次的培训等，从而确保培训项目设计的科学性、合理性。

例如，基于能力测评结果向员工推荐学习课程，待员工学习完成后，检查是否达到预期的效果，如果没有是什么原因？为什么某一类人群喜欢学习推荐的课程，某一类人群却恰恰相反？是性别、年龄、性格还是其他的原因，这些都可以通过数据分析找出答案。

3. 提升人才测评能力

在人员招聘过程中利用大数据技术深入挖掘应聘人员信息，使企业能够更清晰地了解候选人的情况；充分发挥网络数据分析作用，对候选人进行系统的立体测评，从而选用更加适合企业发展需求的人才；建立培训考核系统，对受训员工所参加培训中应掌握的知识和技能程度进行考核评价，并将考核评价数据化。

4. 建立新的培训管理模式

建立人才资料数据，在内部选聘骨干人员，为其提供更广阔的发展平台，从外部选聘优秀人才，优化企业人力资源的结构；在线上学习平台中设置员工培训满意度调查模块，调查受训员工对培训课程设置、讲师水平等的满意度，提升培训的互动和过程控制水平；收集培训成果评估数据，结合对受训员工学习效果的考核评价，并进行深入分析，为后续培训工作和人力资源相关规划的制定等提供指导，从而建立大数据背景下的培训管理模式。

9.3.2　数字化学习项目设计的关注点

大部分人都已经接受了在线学习的工作与交流的模式。那么，如何设计数字化学习项目呢？数字化学习项目设计的基本原则如下所述。

➢ 为学习者设定明确的学习目标。

➢ 明确学习过程中各个阶段可能的收益。

➢ 提供与学习者工作岗位强相关的学习内容。

➢ 信息反馈及时、准确。

➢ 营造有助于学习者探索和试验的学习环境。

同时我们强调，数字化学习项目设计需要关注三个方面：选择合适的课程主题、内容开发与媒介选择、学习效果的转化。

1. 选择合适的课程主题

哪些主题适合数字化学习项目，而哪些主题不适合呢？我们以"场景化课程设计与开发"和"场景化课程授课技巧"为例来进行详细阐述。

（1）分析课程的学习难度。从学习内容来看，课程开发要求学员具备多方面的综合能力，即使是线下授课，学员也很难快速接受学习内容。而授课技巧对学员的能力要求相对较低，学员在线学习也能掌握相应的技能。

（2）明确课程的使用频率。学员掌握授课技巧后，在其每一次讲课时都能用到，但学员可能一年才开发一门课程，因此授课技巧的相关知识使用频率更高。

（3）关注知识的迁移难度。课程设计与开发要求学员进行自我思考和创造，而授课技巧是学员授课状态的一些外在表现，更容易通过数字化学习策略来进行干预。

（4）其他影响因素。比如，目标受众数量，如果一门课程有上万的目标学员，则有必要做数字化学习产品；目标受众分布区域，如果一门课程的学员分布在全国各地，则适合用在线学习方式。

综合来看，"场景化课程授课技巧"比"场景化课程设计与开发"更适合做数字化学习项目。

2. 内容开发与媒介选择

选定课程主题之后，就要进行数字化课程开发，包括内容开发与媒介选择两个部分。

在内容开发方面，数字化课程与线下课程的步骤基本是一样的。其中，值得关注的是课程框架，它是一门课程的整体支架，没有搭建起完整的整体逻辑框架结构，再好的素材也无法被有效应用，即使设计开发出好的课程，培训的有效性也无从谈起。设计课程框架一般强调两点。一是章节分明。围绕课程主题细分章节，构建金字塔框架，从而真正达到主题突出、层次分明、"有血有肉"的效果。二是明确重点。根据教学时间，明确教学重点和次重点内容模块，分清主次，引导学员高效学习，尤其在教学时间较短的情况下，区分课程的重点显得尤为重要。

在媒介选择方面，由于技术门槛低，录播课程与直播课程是培训管理者设计数字化学习项目的首选。VR或数字化游戏课程技术门槛高，但学员的学习体验效果更好，适合文化类课程、企业品宣类课程等。

3. 学习效果的转化

学习效果的转化是培训管理者最主要的关注点。很多企业在运营数字化学习项目时，总是要求学员在群里不断打卡、写心得，不仅没让学员抓住学习重点，而且学习效果也不是很理想。实践证明，随堂测试和课后辅导是两种最有效的两种学习效果的转化策略。但是课后辅导要求讲师投入大量的时间，同时对讲师的个人能力要求也比较高。因此，在数字化学习项目建设过程中，企业还要注重讲师队伍的能力建设。

值得注意的是，数字化学习项目的开发成本相对较高，一些通用类的数字化学习项目可以直接采购外部专业企业的现成产品。

9.3.3　数据驱动的员工学习路径规划

数据同时也能作为培训管理者帮助员工规划学习路径的重要依据，具体的规划步骤如图9-3所示。

图 9-3 数据驱动的员工学习路径规划步骤

1.明确目标

确定工作中的主要挑战，定义每个工作角色可以利用企业中的数据实现的目标，并提出更有价值的问题。例如，主要挑战可以分解为哪些具体问题？哪些数据可以确认这些问题？数据和数据分析可以帮助每个工作角色取得成功吗？将为企业带来最大价值的是什么目标？

2.收集数据

从各个渠道收集数据，并以一种可理解的形式将学习、技能和业务数据结合起来，重新定义并验证企业学习的衡量标准。

3.分析数据

分析数据是提取有价值的信息，并形成有效结论的过程，如收集的数据如何显示与假设变量的因果关系或相关性？根据现有数据可以采取什么措施？

4.做出决策

数据可以帮助决策者更快地做出决策，并显示学习材料或整个课程所需的优化调整方向。如果在洞察数据后没有做出行动改变，任何数据和分析都是没有意义的。

不断重复以上步骤，随着数据的积累，培训管理者会从中发现很多新的问题，从而为员工制订新的学习计划。此外，培训管理者要学会利用数据驱动企业学习，从而把企业学习变得更快、更好。

9.4 数字化学习项目运营

数字化学习项目的设计与运营，可以加快企业培训在数字化转型升级中的脚步，提升企业培训的触达率和学习者的参与度，构建企业新型学习生态圈。

9.4.1　线上学习项目的运营

在企业培训组织数字化转型中，线上学习项目的运营一直是非常重要的部分，从项目策划到执行，运营者需要全面考虑，通过充分利用企业内外部资源，从而顺利推进项目的开展。

培训管理者构建线上学习项目运营的整体思路需要从三个维度进行考虑：

（1）管理角度。主要是指项目运营的相关制度规则，包括班委分工规则、运营官/辅导员的运营规则、积分评定规则、任务完成打卡制度等。

（2）成果角度。主要是项目的成果产出，包括个人的实践作业、感悟作品，团队的小组讨论及其作品，项目层面的复盘、总结和宣传。

（3）体验角度。主要是学员在项目中的情感体验，如小组比拼、团队作业，具体形式包括开结营发布会、展示点评/评奖等。

总的来说，线上学习项目的运营需要培训管理者关注的关键事项如表9-4所示。

表9-4　线上学习项目运营的关键事项

项目阶段	关键事项
运营过程中	准备课后测试题库
	在线运营工作分解
	记录学员学习问题
运营结束后	收集课后测试数据
	引导学员分享并将学习笔记存档
	在线社群问题答疑
	工作复盘总结

未来，线上学习项目的管理和运营可探索的范围非常广阔，其关键在于深刻理解数据和业务之间的复杂联系以及业务过程，并将分析结果以最实际的方式应用到业务层面。只有这样，才能最终为业务层或企业带来真实价值。

9.4.2　线上学习项目的进度管控

线上学习项目的进度管控，不只是加强项目过程管理，而是需要做好项目开始前、项目进行中、项目结束后三个环节的管理。

1. 项目开始前：做好宣传和准备工作

线上学习项目开始之前，培训管理者需要设计项目宣传方案，借助各类宣传平台，让目标学员清楚培训主题、目标、预期收获等，激发目标学员的参与积极性。同时，还要确保学习资源、讲师资源等准备到位。

2. 项目进行中：一切以学习目标为准

不管开展何种培训，培训管理者都会设置相应的学习目标。对于学习目标的检验，一般采用考试的方式来检验学员对理论知识的了解和掌握、用教学互动的方式获得学员认知层面的学习反馈、用工作实践项目来强化学员的能力。

某企业在开展"内训师组织经验萃取"项目时，学员每结束一个章节的学习就需要参加相应的考试，以加深学习效果。

另外，培训管理者还要在运营线上学习项目时为讲师和学员的沟通提供便利，共同推进学习目标的达成。

3. 项目结束后：推进学习效果的转化

培训课程的结束并不是学习项目的终点，学员行为是否发生改变并达到预期水平才是培训管理者最需要关注的问题。那么如何才能达成学习转化呢？

一般来说，企业可结合培训内容和学员的岗位工作内容，为每个人布置相应的实践任务。在学员完成实践任务的过程中，培训管理者和学员上级均负有督导责任，需要定期关注学员实践任务的进展情况，如学员遇到困难，要及时提供针对性的辅导。待实践任务完成后，学员需要进行个人总结，找出做得好的地方以及待改进的地方，为后续工作提供帮助。

9.4.3 线上学习项目的运营策略

良好的培训效果是培训项目的运营目标，那么，应该如何通过运营手段来有效提升培训效果呢？具体来说，培训管理者可以从以下两种思路出发来开展培训项目的运营工作。

1. 增强学员对培训项目的认同感

在线上学习项目的每个环节，培训管理者都需要以学员为中心，引导学员认同线上学习项目，激发学员的学习积极性。通常来讲，增强学员对线上学习项目的认同感的方法包括以下两种。

（1）强调培训价值。对学员来说，获得能力提升是他们参与培训项目的关键价值。但是，通常培训组织方容易从企业角度向学员讲述培训项目的价值，忽视了培训对学员的价值。成年人在学习或工作中，一定程度上都会计算投入产出比，因此，在线上学习项目实施前，我们需要凸显培训对学员的价值，以此吸引学员的关注和重视，促使学员主动参与线上学习项目。

（2）提升培训通知的趣味性。在线上学习项目开始前，培训组织方需要发文通知学员参与培训项目。很多时候，培训管理者在下发培训通知时，会采用比较正式的通告，这对学员来说不具备足够的吸引力。为了拉近培训项目与学员之间的距离，培训管理者可以尝试调整培训通知的风格，如果培训通知的文风不能改变，那么培训管理者可以另外制作一套更有趣味性的培训宣传物料。

2. 线上学习项目运营持续化

线上学习项目运营需要持续进行才能产生效果。确保线上学习项目运营持续化的方法包括三种：及时监控数据、做好项目激励、维持项目热度。

（1）及时监控数据。线上学习的好处之一就是能够更方便、更快捷地收集培训相关数据。培训管理者可以随时监控和收集培训数据，从中发现培训学习的优缺点，并及时解决其中存在的问题，使线上学习项目运营更加顺畅。

（2）做好项目激励。在线上学习项目中，学员的自由度更高，因此培训管理者须将项目调研、学习、评估等行为融合到激励机制中，从人性特点上激发学员自主参与线上学习项目。

（3）维持项目热度。在互联网时代，信息传递速度快、范围广。线上学习项目运营需要充分利用这个优势，借助不同宣传平台，有计划、有节奏、有亮点地持续开展线上学习项目宣传，以有效提升线上学习项目的参与度、活跃度。

第 10 章
平台运营与持续发展

通过线上学习平台，全国各地乃至世界各地的员工都能随时随地获取学习资源，不受场地和时间的限制。因此，企业培训组织要想充分利用好知识资产，解决培训组织难、占用时间长等问题，就必须充分利用线上学习平台，增强企业员工的学习效果。

10.1　搭建运营高效的学习社群

学习社群是学员开展日常学习任务、社交活动的重要途径之一，通过社群打卡等方式增强大家之间的连接关系，实现相互监督、共同成长。

10.1.1　创造学员之间的交叉连系

只有建立起社群成员之间的交叉连系，才能建立起情感认同，激发社群活力。所谓交叉连系，是指社群成员除了平时的学习交流，还慢慢地深入对方的生活，互相了解更多的信息，这种深度连系能够让社群成员之间进行更多互动。学员之间平等、融洽与合作的关系能够促进学员以愉悦的心情融入学习之中。

在学习社群中，创造学员之间的交叉连系的方式有很多，包括策划线上主题活动、进行有奖问答的小游戏等。以前，我们可能是通过工作关系、电话、邮件产生一些连系，能够娱乐的方式也比较少。而如今，互联网如此发达，我们有很多社交工具，如微信、微博、QQ 等。围绕这些社交工具，我们可以开展各种各样的娱乐活动，大大降低了人们之间产生连系的难度。尤其是在当今时代，每个人的创意都是无穷无尽的。学习社群可以发挥不同人的才智，创造社群成员之间的交叉连系。总之，只要大家连系多了，就有了情感认同，进而产生深度交流，创造新的可能。

为了增加学员之间的多维度连系，秋叶 PPT 为学员们提供了多种交叉连系的方式，比如小窗答疑指定辅导老师、参加大促活动赠送图书、组建优秀学员单独小群、对优秀作业颁发证书、将微博上提交的作业由多位老师一一进行点评、组织 21 天训练营在线辅导等。

在知识经济时代，上同一堂课、学习同一本书、参加同一项活动等都是创造连系的方式。有些社群之所以能够吸引越来越多的人去关注，就是在于不断地创造新鲜的连系方式。只有当社群里的每个人都在努力创造连系，主动回应别人的分享、主动分享自己的生活时，整个社群的活跃度才会越来越高。

10.1.2 做高质量的线上分享活动

做一场线上分享活动是很多学习社群保持高活跃度的常用手段。一般来说，线上分享活动包括邀请大咖做线上主题分享或者内部成员进行线上话题讨论，一方面是为了提升社群活跃度，另一方面也是通过线上分享活动吸引更多人的关注，增加粉丝量。尽管邀请嘉宾做主题分享与内部成员进行话题讨论都属于线上分享活动，但是两者还是有很大的区别的，具体如表 10-1 所示。

表 10-1 线上主题分享与话题讨论的区别

维度	主题分享	话题讨论
人员	以主题分享者为主，在特定阶段让其他成员发表自己的看法	指定一人为话题引导者，所有成员都是分享者
内容	分享前界定主题，让主题分享者根据主题准备自己擅长的内容	大家会不自觉地分享自己感兴趣的话题，容易偏离主题
参与度	如果分享者准备的内容质量不高，容易打击成员们的参与积极性	如果大家对话题感兴趣，参与度就会很高

为了保证线上分享活动的质量，培训管理者需要考虑活动分享开始前、分享进行中、分享结束后的一些环节，具体如图 10-1 所示。

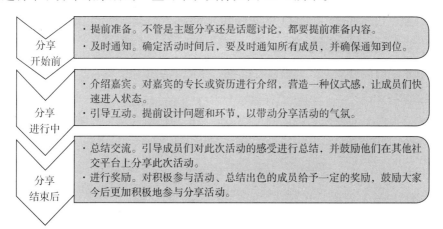

图 10-1 线上分享活动需要考虑的环节

10.1.3　建立长效的学习管理机制

为运营好学习社群，培训管理者也可以从学习前—学习中—学习后三个阶段来建立长效的学习管理机制，最大程度地激发学员的学习热情，提升学员的学习效果。具体操作方式如图 10-2 所示。

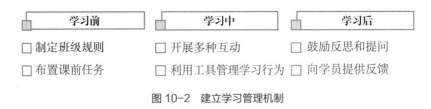

图 10-2　建立学习管理机制

1. 学习前

学习开始前的学习管理机制包括制定班级规则、布置课前任务等。

（1）制定班级规则。在线下培训活动开场时，通常培训管理者为了吸引学员的注意力，会开展一些互动游戏，以引入学习主题、详细介绍课堂规则和流程等。同样，线上培训活动也应该有这些标准动作，不同的是线上培训时要做得更清晰、更有力，以增强学习的氛围。

有研究表明，当学员明确课程的目标和讲师的期待时，往往能获得更好的学习效果。因此，班级规则是上述"标准动作"中的重要元素，通过规则的约束，让学员感受到讲师对课堂的认真，同时也让他们更加投入地学习。

（2）布置课前任务。为了确保学习项目的顺利开展，提升学员的参与度，培训管理者可以布置一些课前阅读和预习任务，同时讲师可以通过社群聊天等方式督促学员完成课前任务，并进行一些答疑，从而减少后续学习中的障碍，保障课堂学习的高效率，营造良好的学习氛围。

2. 学习中

学习进行中的学习管理机制包括开展多种互动、利用工具管理学习行为等。

（1）开展多种互动。在数字化时代，在线教学工具越来越多样化，讲师可以利用数字化资源丰富教学互动模式，把更多的学习时间留给学员。

"Kahoot！"是一个基于游戏的评估平台，讲师可以利用这个平台，在线开展游戏化测评，提升课堂教学的互动性和趣味性。课前，讲师可以创建各种类型的课堂问答，包括测试、讨论、调查问卷等。每完成一道题目，系统会即时反馈，包括学生参与人数、正确率、学生得分情况和排名等。课中，讲师还可以针对提问设置倒计时功能，让学员在线上设备上抢答等。

（2）利用工具管理学习行为。在线上学习中，讲师仍然是课堂的组织者和学习的引导者，应该充分利用一些课堂管理软件来管理学员的学习行为。

3.学习后

授课结束后的学习管理机制包括鼓励反思和提问、向学员提供反馈等。

（1）鼓励反思和提问。在授课结束后，讲师通过学习"交流社群"，鼓励学员进行课后反思和提问。

（2）向学员提供反馈。讲师同时也可以布置一些课后任务，让学员在规定时间内完成，然后由讲师为他们提供反馈和点评。也可以鼓励学员进行互动，并在学习"交流社群"中进行展示。

通过学习前、学习中、学习后三个环节，培训管理者就可以搭建起一个支持线上学习的学习社群。

10.2　在运营中融入激励机制

很多人表示自己的工作很忙，没有多余的时间参与学习活动，这其中绝大部分的人都是在习惯性地找借口。为了减少这种现象的发生，企业可以把学习成果的检验纳入员工个人成长和工作业绩的考核评价中，大力倡导员工养成自学的风气和习惯。

10.2.1　打造学习积分体系

学习积分制管理通过加分或者扣分的形式来管理员工的学习行为，每一次加分或扣分都要通过信息化数据库进行记录，一个周期内的积分排名可以用于考量企业的福利发放。这样一来，企业可以通过一些奖惩措施，使员工重视并配合使用积分，从而达到用积分规范员工行为、提高员工积极性的作用。积分制不仅可以用于企业的学习管理，也可以用于对企业其他内部管理。

实行积分制管理，可以让活动参与人员明确积极、主动参加学习活动可以获得什么样的奖励，以及反之会有什么处罚。

具体来说，实行积分制管理有以下三个方面的好处：

（1）提高执行力。对于不能完成学习任务的学习者，学习运营小组可以对其进行扣分处理，通过月度或年度积分排名，学习者可以认识到积分的重要性，从而更加积极地参与学习活动。

（2）建立荣誉感与羞愧感。学习运营小组会周期性地根据积分排名对学习者进行公开性的惩罚或奖励，通过这种方式，让学习者建立起一定的荣誉感或羞愧感。

（3）留住核心人才。积分越多，员工能得到的福利就越多，而且积分是不会清零的，只有离职，这些优待才会被取消。因此，员工对待离职会更加谨慎。

积分制管理是一种无形的约束机制，它通过特定的准则操纵和控制着企业的管理活动，规范、指导、约束着每个员工的行为。

为了让学员自发地学习、交作业，京东培训中心开发了一个统一的积分体系，将员工参与的各种培训活动都以积分的形式进行了记录。在此基础上，形成了京东认可的岗位认证体系。在这个认证体系中，有许多认证证书。如果想要获得更多的认证证书，员工就需要参加更多的学习项目来获得积分。积分可以来源于三个方面：一是基本的学习积分，完成学习任务即可得分；二是贡献积分，员工可以把其擅长的知识和技能制作成相关视频作品，上传到京东 TV，得到更多人的点赞，也可以得分；三是任务积分，各部门或公司会定期发布任务，如果员工有参与，并在其中表现不错，就可以获得积分。这个认证体系让更多员工积极地参与到学习项目中来，并获得了不错的学习成果。

积分制管理有助于解决长期以来员工培训工作中存在的"压力不够、动力不足"的现实问题，改变员工的学习态度，使其主动参与学习，并增强学习活动的实效性。因此，培训管理者可以从两方面入手，对学习过程实行积分制管理。

（1）设立培训积分制度。对学习活动进行分级分类，设置相应的积分。员工每完整地参加一次学习活动，就可以获得相应的积分。同时，可以建立员工的学时和积分数据库，不仅员工可以实时查看自己的学习情况，企业也可以实时对其进行监管。在积分的设置上，可以根据学习时长、是否脱产等方面来进行核算。

（2）设立积分标准线，并对照标准制定奖惩制度。每个员工的积分可以按年度进行一次统计汇总，对于那些积分超过标准线的员工，可以择优进行一定的物质奖励。另外，积分汇总情况也可以和员工下一年度的升职加薪联系起来。对于没有达到积分标准线的员工，不仅没有奖励，而且升职加薪也会受到影响。

10.2.2 宣传表彰优秀学员

一般来说，企业为了宣传学习标杆，可以在企业内部刊物、网站上公开宣传优秀榜样的学习经历，除此之外，还可以通过表彰、奖励优秀员工等非物质激励的手段，鼓励大家向标杆学习。

华为在非物质激励方面做出了许多努力，设立了众多的奖项，充分体现出了华为对优秀学习榜样的尊重和认可。

华为的荣誉奖项包括综合 KPI 绩效奖、DSO 冲刺奖、蓝血十杰奖、金牌个人奖、金牌团队奖、华为奋斗奖、优秀产品拓展团队奖、优秀交付拓展团队奖、明日之星奖、重大销售项目奖、金网络奖、Top Sales 奖、人均效益改善突出团队奖、HR 行业秘书体系专项奖、持续奋斗奖、十佳文秘奖，以及干部培养突出团队奖等，这些奖项面向所有华为员工，只要符合相关的评选条件便可以参与评选，获奖者在得到奖牌、奖杯、奖金的同时，还有机会站在领奖台上，与同事、朋友、家人一起分享荣誉。

这种尊重和认可所带来的效果并非仅仅是对得奖者产生激励那么简单，它还会在企业内部形成一种风向，引导更多的员工向榜样看齐。

20世纪70年代，美国心理学家班杜拉通过"榜样模仿实验"证明，人的学习活动主要是通过观察和模仿他人而进行的。因此，被模仿的"榜样"便具备着强大的影响力。管理者对坏榜样进行惩罚，则能够有效地警示员工，不要做出类似的错误行为；对好榜样进行奖励，则能够有效鼓励员工更多向好榜样学习。

IBM公司一向认为，公司的每个员工都有无限潜力，只有采取有效的措施引导和激发，才能实现公司和员工之间的双赢。

IBM公司设立了一个"百分之百俱乐部"。只要员工完成年度工作任务，均可加入该俱乐部。届时，俱乐部会员及其家人都会被邀请参加公司举行的隆重聚会。公司员工以"成为俱乐部会员"为荣，并以此为目标而努力工作。

这是一种荣誉激励法，就是根据员工希望得到团体尊重的心理预期，给那些对团队有着突出贡献的人以一定的荣誉激励，并将这种荣誉获得形式加以固定。这种激励方法不仅能让获得荣誉的人经常以此鞭策自己，还能为其他人树立学习的榜样和奋斗的目标，具有较大的感召力和影响力。

试想，如果你的企业也设有这样的奖项，如果有幸成为俱乐部会员，就能成为所有员工羡慕和敬仰的对象，你会不会努力尝试一下争取这项荣誉？再者，如果你身边的人获得了这项荣誉，享受着鲜花和掌声，而你没有，你会对此无动于衷吗？会不会也憋足了劲儿，准备在下一次评选中大展拳脚呢？

所以，如果企业想要鼓励千军万马上战场，就要更好地从精神层面激励员工自主学习，从而引领团队转型，建设学习型组织，为企业创造更多的价值。

10.2.3 给予学员展示的机会

通过给企业员工提供一个展示自我的平台，使其体会成就感，可以强化企业员工的学习动力。召开成果发表会就是一种很好的激励方式。为了在发表会上有精彩的呈现，在成果发表会正式开展前，企业员工都会感受到一种下意识的、积极向上的压力。因此，企业应该定期召开成果发表会，推动员工开展各项学习活动，为组织绩效的提高作出贡献。

在召开成果发表会之前，企业要做好各项准备工作，包括制定成果评价方案、成立评价小组、确定成果发表会的形式和日程、准备好投影仪等辅助性工具。

一般来说，由于参与人员以及活动目的的不同，成果发表的形式可能会有所不同，但成果发表会是必不可少的环节。具体操作方式如表 10-2 所示。

表 10-2　成果发表会的操作方式

形式	操作方式
评选表彰式	此种形式一般是出于评选表彰优秀小组并向上级推荐的目的，会议现场程序一般为： （1）致开幕词 （2）宣布评选方法 （3）介绍评审组成员及会议程序 （4）成果展示 （5）提问答辩 （6）成果讲评和案例分析 （7）公布评选结果及向上级推荐的优秀成果名单 （8）领导颁奖并讲话 （9）会议总结，提出今后任务、要求等
发表分析式	可由评委按评价标准对上报的成果材料分别审查打分，综合评价其优缺点，并确定几个有倾向性、有代表性、有特色的成果作为案例分析发表，由评委逐个评价
交流经验式	会前分发成果报告让大家审阅，会上由小组代表结合成果报告介绍活动和体会，听众就成果中的问题进行提问，和小组代表一起探讨
文娱发表式	在服务行业，小组可将自己成果的内容编成文艺作品，介绍配合表演，并加上一些轻音乐，在愉快的气氛中进行成果发表

在发表学习成果时，企业员工需要遵循以下两个原则。

（1）将注意力放在成果发表会的目的上而非形式上。成果发表会是为了给大家分享经验和知识，同时也是企业员工展示自我、实现自我价值的机会。因此，成果发表会的形式只是辅助性的活动，真正的目的在于知识分享与价值呈现。

（2）发表的内容要在事实的基础上进行简化。毕竟成果发表会是群体活动，因此在发表时，陈述者尽量选择精华部分为大家讲解。同时在这个过程中，要注意几个要点：谈吐大方得体、语言简练清楚、把握时间要求、多讲解数据等。

10.3　线上学习平台的宣传推广

很多人认为线上学习平台无须宣传推广，直接通知要求所有员工使用即可。但是，线上学习平台也是员工工作环境的一部分，企业需要采取有效的运营策略，提升员工的体验感，并做好线上学习平台的宣传推广，提升线上学习平台的活跃度。

10.3.1　线上学习平台的应用类型

随着全球化、数字化以及互联网技术的发展，线上学习平台也迎来了一个蓬勃发展的时期，目前线上学习平台的应用类型主要包括四种：垂直平台、内容平台、资源平台和辅导平台。

1. 垂直平台

垂直平台一般由专业的培训机构或者学校教育体系搭建，专业性强、面向特殊人群，目前发展比较好的是职业技能培训类。垂直平台内容丰富，有较为强大的师资力量，可以给学习者的知识储备带来较为明显的提升，容易被学习者采纳。

酷学网是新东方旗下的垂直在线教育平台，直播内容分为免费和付费两种，通过考研、高考、公务员考试培训以及外语教学等课程取得了不错的效益，在线上学习领域属于佼佼者。

垂直平台由于其专业性和强大性，面向的是有消费能力的学习者，而潜在消费者也属于持币待购的状态，所以两者容易达成合作，进而产生经济效益。

2. 内容平台

内容平台由于其复杂性，基本由互联网技术精英打造，同时需要强大的资金支持。内容平台的搭建是一件长久的工作，前期会邀请各个培训机构以及学校等资源加入，其中学习内容涉及广泛，不光包括技能培训、传统教学，甚至还包括企业文化培训等。

百度传课是线上学习平台中内容平台的代表，通过互联网技术进行网络互动直播和点播学习，其中直播课是百度传课最有特色的项目之一。

内容平台在前期的运营中，学习内容是免费的，主要目的是广泛吸纳学员。在后期运营中，改收一定的费用，通过平台收取学费，然后给予讲师分成。但由于"广纳贤才"，门槛较低，容易造成学习内容质量参差不齐的问题。

3. 资源平台

资源平台基本由个人或者学校搭建，维护此类平台需要大量的人力、物力，目前分为营利和非营利两种类型。

新 CG 儿是一个专业提供视频素材、AE 模板等的素材网站，同时也致力于为影视后期爱好者打造互相交流的平台。

目前市场上有各种类型的资源平台，除了像新 CG 儿这类提供视频素材的平台，还有中国知网这类提供国内外论文和期刊文章检索下载的资源平台、优课网这类提供优质课件和微课程资源的资源平台等，它们为学习者提供了海量的学习资源。

4. 辅导平台

辅导平台借助信息技术的发展，主要通过答题、记忆等形式增强用户学习体验。这种平台多以 App 形式出现，且操作简单，学习者可利用零碎时间进行学习，但无法进行实时互动交流，只是单方面的自我学习，无法形成学习交流社群。

在线学习的发展势不可挡，培训管理者可以利用线上学习平台向一线员工分享企业战略、企业文化等，从而拉近和学员间的距离，提升培训学习效率。

10.3.2　不同运营阶段的推广活动

企业线上学习平台的宣传活动的设计不仅要从员工的角度出发，更要考虑企业战略与企业文化，并以业务为载体，切实助力企业及员工发展。

1. 运营初期

线上学习平台的运营初期需要快速拉新，提升平台激活率。为此，企业可以采取立体式宣传的方式，在各类宣传渠道统一进行宣传物料投放，快速在员工心中建立起对线上学习平台的认知。运营初期的宣传活动如表 10-3 所示。

表 10-3　运营初期的宣传活动

序号	宣传活动	具体说明
1	问卷调研	向员工发放问卷，一方面可以宣传线上学习平台，另一方面可以了解员工的学习需求，以更好地提供服务
2	招募种子用户	发动员工报名并从中筛选出平台的第一批种子用户，通过一些激励手段，让他们带动身边人使用平台
3	平台测试	邀请学员体验平台后进行反馈，从中发现学习平台存在的 Bug（缺陷），在此基础上不断优化平台的体验感

2. 运营中期

当学员逐渐建立起线上学习平台的品牌意识后，培训管理者要做的就是提升学员的忠诚度和活跃度，让学员主动通过线上学习平台完成学习行为，提升线上学习平台的应用率。运营中期的宣传活动如表 10-4 所示。

表 10-4　运营中期的宣传活动

序号	宣传活动	具体说明
1	学习活动	结合学员学习需求，不定期地开展线上学习活动，提升学员的工作技能
2	直播活动	通过直播方式与学员进行互动，可以是知识分享，也可以是开展一些互动游戏，并搭配抽奖、送小礼物等

3. 运营后期

随着时间的推移，线上学习平台成为学员学习的常备工具，但随之而来的就是学员对平台的使用热情下降，培训管理者需要策划一些有吸引力的活动，让学员动起来，使平台活跃起来，实现企业学习牵引的目标。运营后期的宣传活动如表 10-5 所示。

表 10-5　运营后期的宣传活动

序号	宣传活动	具体说明
1	学习记录活动	将学员全年的登录、学习、互动、成绩等数据整理并以可视化的形式呈现，深化学员对平台的感情
2	微课大赛	邀请学员分享自己的工作经验，并通过微课大赛的形式实现成果沉淀

总之，开展各类创新性、趣味性的推广活动，是线上学习平台专业化运营必不可少的手段。

10.4　让企业培训组织持续创造价值

企业培训组织只有对准企业核心业务，聚焦学习价值并将其转化成企业绩效成果，发掘适合自身的盈利模式和盈利方法，才能从成本中心升级成利润中心。

10.4.1　对准业务，聚焦学习价值转化

企业培训组织的目标是为企业培养人才，为企业业务发展作出贡献。只有当学习价值能为企业绩效作出更多贡献时，企业领导者才认为它是必不可少的。企业里的业绩和生存才是第一要务；那么学习不再是为了学习而学习，学习应与企业业务相联系，才有助于企业在市场竞争中获胜。

企业内部经验的推广、后进者的培训、问题业务端的专业支持都需要企业培训组织这个稳定的载体。因此，企业培训组织必须对准业务目标来设计人才培训项目和制定发展规划，使学习价值转化成企业绩效成果。

德勤公司是全球领先的专业服务机构，"坚持员工终身学习"是德勤公司构建人力资源战略的基础。

德勤公司为每个员工都制订了学习计划，它的"雄冠全球"模型清晰地显示了公司绩效期望与员工个人专业发展路径之间的强关系，并以此为基础，推

演出了员工的行为测量指标。德勤公司电子化学习总监凯瑟琳·哈伦斯坦指出："现在我们员工的学习更加契合业务目标，与业务密不可分，因为我们聚焦于有用的培训。"

在为员工制订学习计划时，德勤公司会首先咨询业务部门的意见，以支持完成公司业务目标为原则，共同为员工设定学习方向，制定学习课程。这样一来，学习与实践就紧密地联系在一起了。

一旦学习活动与企业业务实践结合起来，学习带来的变化将显而易见。将实际工作场景，特别是挑战性场景和痛点场景，与学习过程融为一体，通过对接场景和学习活动，既能够快速解决业务痛点和实际问题，也能够满足学员改善工作方法和提升绩效的需要。

摩托罗拉大学在创办之初，就将解决业务痛点定为办学方向。为了使培训更切合实践，摩托罗拉推出了大量的在岗学徒项目。华盛顿前劳动经济学家安东尼·卡利威尔表示："摩托罗拉的培训项目与公司战略高度契合，它的培训项目是为了解决绩效难题，而不仅仅是建一所学校。"

美国西北大学学习科学研究所主任罗杰·思坎克为埃森哲公司推出了以目标为导向的情景式学习项目，该项目通过模拟业务场景，帮助员工梳理出他们在工作中所需要的知识和技能，通过个人的技能提升和知识获取，达到改善业务绩效的目标。

对于企业培训中心来说，未来应该从课程设计、培训方式、学习引导等方面去增强学习培训效果，切实地解决企业业务的痛点，提升企业效能。

10.4.2　发掘盈利模式，持续创造价值

企业培训组织为员工提供实现能力提升的学习活动，满足企业业务的发展需求，而这一过程的完成要求企业培训组织有足够的盈利来支撑其运营。大多数情况下企业培训组织都是非营利机构，由企业提供培训经费。很多企业在成

立企业培训组织之初，都是盲目和随大溜的，普遍缺乏成果意识，将大量资金盲目投入到体系建设、课程开发、培训项目等工作中，但是取得的效果却是有限的，反而给企业带来了负担。这样一来，企业培训组织的运营就容易受制于企业的盈利状况。因此，企业培训组织必须要发掘自身的盈利模式。

通常来讲，企业培训组织的盈利模式有：完全只有内部盈利和以内部盈利为主、外部盈利为辅以及以外部盈利为主、内部盈利为辅这三种模式。一般来说，企业培训中心盈利模式通常会随着企业的发展规模和战略规划的变化而变化。

企业培训组织盈利模式的选择必须遵循两个原则：一是必须以服务好内部客户为自身长期立足并获得生存发展的重要前提；二是开发拳头产品，推向外部市场，提升品牌形象和经营效益。

成立之初，惠普商学院就将自己定位为"利润中心"，作为传统高等教育的有力补充者，面向全社会开放，为所有企业客户提供管理培训服务。惠普商学院以其独有的"惠普特色"（所有讲师均由惠普有丰富业务及管理经验的中高层领导担任）和课程的"实战性"（课程全部是惠普公司优秀经验的总结及提炼，有极强的可操作性）得到了中国企业界客户的高度评价，在帮助国内企业培养优秀管理人才方面做出了积极贡献。

经过多年的运营和发展，惠普商学院逐渐摸索出了一套适合自己的盈利模式，它的盈利模式是以外部盈利为主、内部盈利为辅，盈利渠道和方式的多样化促进了盈利价值的提升。

由于通信行业的特殊性，技术进步快，产品更新换代快，不论是交付相关的技能，还是交付后的维护与使用，客户或者合作伙伴都需要进行培训。因此，华为员工培训中心的培训对象也包括客户的技术人员和合作伙伴的员工。

华为除了为国内客户提供培训服务，也在海外各片区建立了不少的片区培训中心，包括亚太、中东北非、南部非洲、拉美、北美、欧洲等几个片区。这些片区培训中心最主要的任务是给客户的技术人员培训，针对客户的培训需求，华为的片区培训中心给予定制化的培训和人才培养。2008 年以后，这些片区培训中心也成为了独立的盈利中心。

对外培训可以使企业培训组织更充分地利用自身的师资和课程资源，将闲置的资源用于对外培训，可以使企业培训组织实现盈利，形成自我造血与输血的良性循环。

10.4.3　由成本中心转向利润中心

随着商业模式的转变，未来企业培训组织的发展趋势是成为自负盈亏、独立核算的个体，这就迫使企业培训组织由成本中心转向利润中心，朝着企业化以及盈利化的方向不断发展，只有这样才能与企业共生共赢。

企业创办企业培训组织，进行教育投资，其实是对人力资本的投资，是为企业自身所服务的。在当今的市场经济环境和教育产业化的大趋势下，企业是希望投资企业培训组织并能够取得相应回报的。因此，企业培训组织管理者应以价值创造为核心，强调资源优化配置，力争将有限的资源配置到能创造最大价值的关键工作中，为企业创造更多的价值。

2014 年，华为对华为员工培训中心进一步进行变革，成为独立核算的子公司，任正非说："华为员工培训中心这个组织最独特的特点是自负盈亏，它是一个 Service Business Group（SBG），不是一个成本中心，而是依靠与业务部门的结算和买单，自负盈亏的。对华为员工培训中心的评价与业务保持一致，如何评估培训效果和价值很简单，就是看明年的业务收入是否增长，业务部门是否愿意给钱，把人送到华为员工培训中心来培养。"

一旦企业培训组织独立运营，对企业来说最为重要的便是能够节约成本，运作成熟后还可以取得一定的利润。只有以结果为导向，以市场化的方式进行内部运作，才能够最大限度地激发企业培训组织的潜能，创造更大的价值。企业培训组织的盈利方式主要有以下几种，如图 10-3 所示。

（1）对内培训可采取内部收费的策略

由学员所在部门缴纳学费，企业与学员签订培训协议，约定服务期限和违约责任，提高学员的学习积极性，增加学员直接主管的关注度，迫使企业大学开发更有效、更有针对性的课程

（2）开展对外培训可由供应链系统着手，进而面向全社会招生

生源越多意味着利润越大。等到各方面发展成熟之后，企业大学不仅可以面向全社会授课，还可以面向全社会做管理咨询，赚取更为可观的收益

（3）完善相关培训资料，出版成相关书籍，获得收益

企业大学在对内、外部的培训过程中，会不断积累和丰富自身案例教学和知识理论方面的书本以及培训资料。如果再对课程和项目进一步开发，出版相关的书籍、教材，也可以为企业大学带来一定的收益

（4）完善培训相关配套设施、设备用以出租或出售

企业大学在发展过程中会逐步地完善多媒体教学设备以及相关场地设施，这些设备和场地都可以对外开放，提供给其他企业用来做培训，并收取相应的租金，甚至可以出售相应的课程，从而优化场地利用率，给企业大学带来收入

（5）非物质形象窗口、珍贵无形资产

企业大学可以提升企业知名度、美誉度，成功地塑造企业品牌和企业形象，是对企业实力的一种证明，包括企业盈利能力、管理能力和技术能力。同时，能树立一种追求卓越、不断进取创新的企业形象，无形之中为企业带来口碑和收益

图 10-3　企业培训组织盈利方式

10.5　重新定义新时代的企业培训组织

至今为止，企业培训组织已有近百年历史。为什么企业要创办培训中心，而不仅仅局限于培训部门？原因在于企业培训组织能够聚焦企业战略，将企业人力资源转化成人力资本，为企业战略目标的实现提供人才保障。随着时代的发展和组织形态的变化，企业培训组织也在被重新定义。

10.5.1　以人才生态助力产业生态

华为公司高级顾问彭剑锋说："产业是个生态圈，过去华为是追赶者，现在是领先者，领先者要成为产业生态良性循环的维护者，要给别人留口饭吃，自己才能有持续的饭吃。"在发展上，华为主张开放、合作、共赢，与上下游合作伙伴及友商合作创新、扩大产业价值，形成健康、良性的产业生态系统。在人才方面，华为作为 ICT（Information and Communications Technology，即信息与通信技术）市场的领导者，致力于打造全周期人才供应链，做厚生态沃土，惠及所有 ICT 从业者。

2018 年，在华为中国生态伙伴大会上，华为宣布正式成立华为全球培训中心。华为全球培训中心包括创新数字学院、应用技术学院和合作伙伴学院三大学院，依托认证体系面向学生及 ICT 从业者树立人才标准，为 ICT 人才终身学习提供全面的服务支持，通过人才联盟促进人才可持续性流动。

2013 年，华为启动信息与网络技术学院项目（后简称"华为 ICT 学院"）。同年，华为出台"合作伙伴精英赛"，通过"以赛带练""训战结合"等方式，促进产业链人才不断学习，提高自身能力。

2016 年，华为成立"中国合作伙伴培训中心"，并通过该平台向合作伙伴提供系统化、规范化、精细化的培训服务。

2018 年，华为将原有的华为 ICT 学院和"中国合作伙伴培训中心"整合升级，并增设创新数字学院，成立"华为全球培训中心"。

华为全球培训中心负责人杨文池强调："传统社会通过行业数字化转型向智能社会演进，ICT 技术比以往任何时候都更重要。如何更好地培养 ICT 人才，是整个社会都需要重点考虑的问题。只有持续的 ICT 人才培养、人才储备，才能够为智能社会发展提供源源不断的动力。华为愿意不断深化与政府、院校、伙伴等生态各方的合作，让产业收益，让人才获益，共同构建开放、共享、共赢的 ICT 人才生态。"

华为全球培训中心通过加强标准建设、内容建设和平台建设，帮助员工提升能力，保持企业业务的可持续性发展。

10.5.2　从企业培训组织升级为行业赋能平台

在市场竞争中，领先者作为行业龙头老大，其行为对整个行业的发展具有非常重要的影响，通过赋能其他行业伙伴，可以促进整个行业生态的持续、健康发展。因此，不少优秀企业培训组织积极探索建立面向行业需求的人才培养模式，将自身从企业培训组织升级为行业赋能平台。

2018 年，携程宣布成立携程酒店赋能平台。携程酒店赋能平台包括商户培训中心、大数据研究中心、用户研究中心、专家委员会等机构，旨在通过大数据分析，打造多样化的线上、线下课程，给予酒店商家各类资源和赋能服务支持，帮助他们成长，进而推动酒店行业的升级，最终实现整个行业的健康、良性可持续发展。

新零售该如何创新？如何进行消费升级，并借助在线平台做好酒店营销与服务？这是很多酒店在互联网时代所关注的重点。携程酒店赋能平台针对酒店商家的需求，开设收益管理、酒店市场营销、酒店运营等线上、线下课程，帮助酒店行业人员熟悉酒店相关产品和市场营销工具，进而提升酒店运营效率。

2018 年 8 月，携程酒店赋能平台在无锡举办了 13 场线下分享会，吸引近 500 家酒店的负责人参与。此次无锡线下课程分为低星酒店专场、客栈专场、三星酒店专场和高星酒店专场等，课程包括酒店相关数据分享、点评规则、服务质量分等，覆盖酒店运营的各个方面。

时任携程酒店赋能平台负责人徐立群说："通过前期调研和日常沟通，我们发现商家，特别是海外商家对于在线营销的知识缺乏比较系统的认识，而且又很渴望去了解和掌握，所以携程酒店赋能平台成立的短期目标，也是希望能面向全球的合作商家沟通，搭建酒店在线营销的课程体系，通过线上和线下多种形式去把在线营销的知识传递给商家，帮助商家提升自己的知识和技能，从而提升商家在平台的竞争力，最终帮助商家提升在平台的收益。"

此次携程酒店赋能平台的课程满意度评分高达 8.8 分，相关学员表示，携程酒店赋能平台的课程内容充实，并且很实用。

携程酒店赋能平台的另一大亮点是大数据研究中心，它可为酒店商户以及其他业内人士，提供强大的大数据分析和应用支持。在用户分析方面，通过大数据分析，可以更精准地定位客户，提升市场营销准确度；在酒店管理方面，通过对历史数据和区域预定数据等的收集与分析，能够有效帮助酒店进行收益管理。另外，携程酒店赋能平台还会定期举行一些行业讲座，加强酒店会员对酒店行业的前瞻性了解。

由此看来，携程酒店赋能平台对于赋能商家运营、提升携程酒店产品与服务的竞争力等方面具有重要作用。

10.5.3　建立产业级人才培养赋能平台

未来企业之间的竞争就是一条产业链与另一条产业链之间的竞争，因此，从上游到下游一条完整产业链的整体强健，以及从内部到外部的整体协同才是一个企业的生存之本。

任正非曾这样说道："华为的发展壮大，不可能只有喜欢我们的人，还有恨我们的人，因为我们可能导致了很多个小公司没饭吃。我们要改变这个现状，要开放、合作、实现共赢。前20年我们把朋友变成了敌人，后20年我们要把敌人变成朋友。当我们在这个产业链上拉着一群朋友时，我们就只有胜利一条路了。"

面对数字化转型浪潮，传统产业的转型升级必须要有配套的技术赋能，更重要的是人才的发展和培育。目前，一些产业核心企业联合政府等着手打造产业大学，以帮助转型产业中的从业者实现能力提升。

AMT研究院院长、西利企源产教融合公司CEO葛新红女士强调，产业大学跟过去企业培训组织不一样，产业大学不是服务企业内部，而是全面整合产业生态资源，为整个产业链进行人才赋能。产业大学围绕整个产业上、中、下游的人才需求，致力于培养新产业、新技术、新金融、新平台等方向一系列适应现代产业体系要求的产业从业者，为产业持续输出符合和支撑现代产业体系转型要求的人才，从而为产业上、中、下游创造价值，并共享收益。

阿里云全球培训中心依托国家教育改革战略，面向大数据、云计算、人工智能等前沿技术，深化产教融合、助力新工科建设，与哈尔滨工业大学、重庆大学、贵州理工学院、杭州电子科技大学开展合作，通过校企协同育人的产业学院育人新模式，培养新时代符合企业需求的交叉复合型创新人才。

华为联合教育部，通过成立"智能基座"产教融合、协同育人基地，将"鲲鹏"和"昇腾"推广至全国各大高校的计算机、信息工程、人工智能等专业。其中，华为联合重庆智能工程职业学院共建联合创新中心，该创新中心是华为新技术研发与成果转化推广的平台。通过校企合作，推动相关产业发展，努力提高智能产业人才培养质量和效益。

产业转型对人才培养与发展提出了全新的要求，但是真正适应产业发展要求的人才却极度稀缺。因此，企业培训组织也需要面向整个产业进行转型升级，打造产业级的人才，培养赋能平台。

参考文献

[1] 毕结礼，宋晔. 变革中的中国企业培训组织：理论与实践 [M]. 北京：中国人民大学出版社，2016.

[2] 张俊娟，韩伟静. 企业培训体系设计全案 [M]. 北京：人民邮电出版社，2011.

[3] 潘平. 老 HRD 手把手教你做培训 [M]. 北京：中国法制出版社，2015.

[4] 石基延，王婷婷. 战略视角的培训管理全景图 [M]. 北京：电子工业出版社，2021.

[5] 安秋明. 赋能三板斧：让天下没有难做的培训 [M]. 北京：电子工业出版社，2021.

[6] 李翼，王贤福. 培训＋：从企业培训组织到无边界学习型组织 [M]. 北京：机械工业出版社，2021.

[7] 李发海，章利勇. 组织发动机：中国企业培训组织最佳实践 [M]. 北京：电子工业出版社，2015.

[8] 段磊，杨奕，樊祎. 企业培训组织最佳实践与建设方略 [M]. 北京：中国发展出版社，2013.

[9] 蒋跃瑛. 企业培训组织从 0 到 1：800 天打造企业学习力和学习场 [M]. 北京：电子工业出版社，2017.

[10] 悦扬，李殿波，余雪梅. 企业经验萃取与案例开发 [M]. 北京：机械工业出版社，2017.

[11] 焦建利，王萍. 慕课：互联网＋教育时代的学习革命 [M]. 北京：机械工业出版社，2015.

[12] 何欣. 重新定义培训：让培训体系与人才战略共舞 [M]. 北京：中国法制出版社，2018.

[13] 埃尔克莱斯，菲利普斯. 首席学习官——在组织变革中通过学习与发展驱动价值 [M]. 吴峰，译. 北京：教育科学出版社，2010.

[14] 泰里克. 企业培训与发展的七个趋势：保持员工需求与组织目标一致的策略 [M]. 杨震，颜磊，译. 南京：江苏人民出版社，2017.

[15] 艾伦. 企业培训组织手册：设计、管理并推动成功的学习项目 [M]. 饶晓芸，译. 南京：江苏人民出版社，2013.

[16] 碧柯. ATD 学习发展指南 [M]. 顾立民，杨震，赵弘，陈致中，译. 第 2 版. 北京：电子工业出版社，2020.

[17] 马奎特. 学习型组织的顶层设计 [M]. 顾增旺，周蓓华，译. 第 3 版. 北京：机械工业出版社，2015.

[18] 派克. 重构学习体验：以学员为中心的创新性培训技术 [M]. 孙波，庞涛，胡智丰，译. 南京：江苏人民出版社，2015.

[19] 霍恩，斯泰克. 混合式学习：用颠覆式创新推动教育革命 [M]. 聂风华，徐铁英，译. 杨斌，审校. 北京：机械工业出版社，2015.

➢ 荣获"中国好书""文津图书奖"等众多奖项，畅销40多万册的万维钢经典之作精装增补版。

➢ 汇聚跨学科、颠覆性的认知，打破固有思维，用科学方法分析社会问题，看清世界真正的运行规则。

➢ 万维钢用学者深邃的洞察力和科学作家的叙事才能，剖析21世纪20年代人工智能时代的世界观和方法论。

➢ 关于社会的规律、教育的秘密、历史的定律、未来的谜题，犀利独到的观点在本书中处处可见。

➢ 罗振宇跨年演讲重点推荐作品。"得到"App《万维钢·精英日课》专栏第二季精选。

➢ 了解真实世界需要勇气和智慧。本书用科学思维带你走出常识的误区，探寻真实世界的运行规律。

➢ "得到"App超过17万用户订阅的《万维钢·精英日课》专栏第一季精选，集结了当前全球经济、社会、科技、哲学等领域的前沿思想。

➢ 不是所有人都有现代化思维，我们要用精英的眼光和思维方式去洞察、理解和改变这个世界。

➢ 当代经济学家所犯的错误，其实是对权力、群氓与利益的妥协，对无知、懦弱与贪婪的顺从。

➢ 40多万人关注的《智本社经济学讲义》精华版。给普通人看的通俗经济学，有趣、有料又好懂。

➢ 本书对元宇宙的核心概念、技术基础、运作模式、产业应用、发展周期以及潜在问题等做了系统梳理、阐述与展望。

➢ 清华大学新闻学院沈阳教授团队倾力打造元宇宙浪潮航海图。了解和把握Web3.0时代人类生存新机遇，成为时代先行者。

➢ 全球保险界传奇人物、"保险教父"梅第的经典传记，生前正式授权出版。

➢ 连续52年MDRT会员，27次TOT会员，13次COT会员，数十年的销售冠军，梅第被全球保险界尊称为"永远的世界第一"。

➢ 你对销售的一切困惑，都可以在本书中找到答案。

➢ "扑克之星"菲尔·戈登的德州扑克经典著作，由50多个国家引进版权、以12种语言出版，全球畅销50多万册。

➢ 详细介绍德州扑克的基本原则、比赛策略，并引导你理解德州扑克中隐含的概率和数学及心理学知识。

➤ 原华为副总裁倾力打造，14 年专业组织变革管理和人力资源管理经验之作。

➤ 华为独特的人才选拔、考核评价及激励机制是众多企业真正要掌握的管理核心。

➤ 任正非的系统性思考，华为高效执行文化背后的关键措施和行动方案。

➤ 华为以成果为导向的执行密码，企业高效运转的驱动力解析。

➤ 华为前高管联合数位业内专家联合创作。本书旨在构建系统的企业文化建设和落地路径，分析微软、亚马逊、华为、阿里巴巴、字节跳动等国内外知名企业案例，深入梳理了企业文化建设方法，帮助企业经营者、企业文化建设管理者用对方法、学通案例、引导实践。

➤ 做好个人品牌，就是为了加速生意！用营销思维放大个人品牌，让人认识你、认可你、认准你！

➤ 资深营销人峰帅多年实战经验总结，蕴含 130W+ 个人品牌集训营课程精华。

➤ 全书分为四大模块，包含十个有效"放大器"，直击个人品牌经营中最为关键的痛点。